一刀両断、平成の侍
現代教育を斬る!!

荒牧 道信

文芸社

目次

今こそ目覚めよ親父殿

昭和二十年八月十五日の終戦から早半世紀が過ぎ、世も人も変り、平和に酔ひ痴れ、選り便利より豊かな生活を追ひ求め今日生活は豊かになつたが、その代償として!! 自然は破壊され、川は汚染され、魚も住めない。山や森は切開かれ、子供達は自然に親しむ事がない。今や人間と自然が調和する時代が問はれてゐるのである。

教育基本法、昭和二十二年三月、戦前の教育勅語に代り、戦後教育の新しい理念として施行された「教育の憲法」であるが、個人の尊厳・平和の希求などを盛込んだ教育の目的や、義務教育・宗教教育など十一の条文から成る。教育基本法も早半世紀が過ぎ、教育の歪みをはじめ、あらゆる面で問題が噴出してゐるのが現状である。現代教育に欠如してゐるとする成らばそれは情操教育である。所謂、人と成りの教育に目覚めなければ成らない。人の痛み、苦しみが判る人間教育こそが今問はれてゐる。一番大事な問題である。

私の教育論は、家庭に於ける、躾教育が「6」である。それに対し、学校で行ふ教育が「4」である。家庭教育は親が師であり手本であり、親を見て子供は育ちます。然るにその意味が理解出来ない者は、厳しい事を言ふやうだが、責任を持つて子育てが出来ないのであるから子供を作る事など許されないのである。何故ならば、今日少年による、凶悪犯罪が多発してゐるのは、御承知の通りである。この事からして、親の躾、特に父親たる者、己に厳しく身を正さねば成らない!! 母親たる者、子供に優しさ、思ひ遣り、特に祖父母への尊敬の念、慈しみの心を教へねばならない。学校とは学問を学ぶ学舎であり集団生活の大切さを共に学ぶ所である。併しあくまでも家庭教育が大事である。

ここで苦言を言はせてもらへば、教育者・先生は、月給取りに成下がつてをられるやうに思ふのは、私だけでありませうか? 但し皆とは申すまい、一部の先生方とは思ふが、だうしてなかなかに教育に情熱を持つて努力してをられる先生方も多い事も事実である。教育者として、堂々と胸を張り、父兄殿の顔色見て萎縮しないで毅然として教育に取組んで戴きたい。

昔の話で恐縮だが、私達が学んだ時代は落毀《こぼれ》の生徒には、先生自ら自宅に来られ保護者とよく話をして学校と一体に成つて教育が行はれてゐたものである。親の教育の大事さは今も、昔も変りはないのである。世の子供を持つ親父殿、今こそ真剣に考へやうではないか!!

一ツ、父親たる者人生の師であれ

今日死語に成つたが、地震・雷・火事・親父と申して怖い譬《たと》へにされたもの。最近の親父殿は、弱く成られたもので御座る。時には息子の頭もゴツンと拳骨を見舞ふぐらひの、威厳を持たねば成りませぬぞ!! 子供といふものは、拳骨の痛みが判り子供同士の喧嘩にも、相手の痛さが判り、決して力任せには殴る事はしないものである。今の父親は子供に対して、暴力は駄目と教へるが、将にその通りなのだが、父親の場合は、愛の鞭《むち》なのである。然るに、年に数回程度なら拳骨も良いのである。幼児で男子であれば、三歳～十二、三歳迄なら厳しく育てれば良いのである。拳骨を時にはゴツンと見舞ふのである。そのやうな父親に育てられた子供は、決して自分からは喧嘩など売つたりはしない。又正反対に父親に甘やかされて育つた男の子、それに体力などあらうものなら、自分の感情を抑制出来ない子供は、相手を打ちのめすまで痛めつける。凶悪犯罪を犯す少年達の多くは統計的に見ても是に属するのである。無論罪を犯した子供が悪いのであるが、一概には責められないのである。大人の責任逃れで躾の附《つけ》がこのやうにして廻つて来るのである。

お年寄を大切にと教へよ!!

我々日本人は先祖を敬ひ、祖父母を尊み、慈しみ、父・母を大事にして参つた心優しき民族である。この教育こそが親子の教育であり、原点即ち人間の心有らずして、教育は有り得ない!! 少し余談に成るが、現代では死語になり誰も口にしなくなつた諺に、父の恩は山よりも高く、母の恩は海よりも深しと教へられたのである。現代はと言ふと? 子が親を殺害する、親が子を殺害する。何んたる愚かな事か、将に地獄を見る思ひであると言はざるを得ん。私ならずとも現代教育に疑問を感じざるを得ないのである。国を挙げ、今こそ命の尊厳、人を愛し、祖父母を慈しみ、両親に尊敬の念を抱く心を教へなければ、今の若者を救ふ事は出来ないのである。

親と子の深い絆を思ふ時、あの世界的権威者の野口英世博士に、母と子の理想像を見る事が出来やう! 老いたる母を背負ひて、郷里の畔道を歩く姿に将に日本人の心を見る事が出来るのである。後に博士は我母を超すことは出来ません、母とは偉大であるからです、と!! 言つてをられる。この言葉が私は好きである。世は移り、人は変れど何時の世も父母を超へることは、人として出来ないのである。私はこの文を記する時、涙を禁じ得ないのである。孝行したい時には親は無しとはよく言つたもので斯く言ふ私も十八歳で母上、二十一歳で父上をも亡くし今以つて心苦しく思つてゐる次第である。

親は子供に平和の大切さを教へよ!!

今年も終戦記念日を迎へ、人は口先だけ(?)の平和を誓ふ時、先の大戦で三百万人の犠牲の上に今の平和が、今の我身が有ると、何れ程の人が感謝してゐるか甚だ疑問である。戦争体験者が年々亡くなられてゆく中悲惨な当時の生証人の声が消えて行くのが非常に残念である。又戦地へ赴れた兵士の中には、優れた才能を持つた人材、生き永らへば後世に名を残した政治家・芸術家・学者、その他素晴しい方々を世に輩出したでありませう。併し乍ら危機存亡の時として、国の為、家族の為と最期を戦場の露と消へた無念さを想ふ時、戦争の犠牲に成られた人達の事を考へるにつけ、今日の世相を見るや、三百万人の御霊に申訳なく想ふのは私だけでありませうか? 今こそ我々戦後生れの親達が、息子・娘に日本の良き教育文化を伝へ残して行く責任があらう。この事を今一度考え直さうではないか！

政治家の方々にも一言申上げる。

心の通ふ政治即ち、民の心知る、我心知る此政治の心成り。確《しか》と肝に命じて戴きたい。又教育界に身を置かれる諸氏方、有識者の方々切にお願ひしたい。若者に心の教育、我身抓《つね》つて人の痛さを知る、この言葉を知らない子供の何と多い事か？　是が現代社会に一番欠如してゐる問題だと思ひ心痛めるのは私だけでは有りますまい。二十一世紀を担ふ子供達の為に心の教育を真剣にお考へ戴きたいと切に申上げる次第である。読者の皆様もお考へ戴きたい。今、時の若者を納得させるには先ず若者の心に問ふ事から始めねば成らない。話す事に対して、感動を与へることが出来なければ、今の子供達は聞入れないのである。口先だけの説教など無用。居丈高に教育論を熱つぽく語つたところで、何の役に立ちませうや!!　若者の冷えきつた心を、元の温かい心に戻すのは我々大人の責任と自覚せねばならん。子供が親を尊敬するといふことは子供から見て父・母には到底敵はないと思はせるものを一でも良い、親として示すことである。決して難しい事ではなく、例へば、両親揃つて早朝といふからには、五時ごろが良ろしからう！　早起きを続けることでも子供は両親に対し、尊敬の念を抱くのである。併し乍らその実簡単に見えて出来ないものであるが強い精神力を示す機会である。体力・技能は若者には劣っても、年齢には然程《さほど》、関係のない精神力で勝るのである。それが口先だけでないといふことを、実践して示すことなのである。

一句
我老いて
精神若く
孫叱る

将に継続は力成り、決して息子・娘を前にして逃げては成りませぬぞ!! 堂々と向ひ合ひ互ひに本音で語り合ふ事である。子供の言分を、優しく聞いてやる、構へて申しますが、口先だけではなく、親は身を以て示す。又今時の若者に教へる最も大事なことは、礼儀である。目上の人への言葉遣ひ、正しい言葉は人間形成の基本であり古往今来、美しい日本語を大切に守り、教へ、伝へて参つた言葉の文化が今将に消えやうとしてゐる現実を我々大人はどう見るといふのか? 教育学者がよく、若者を指して正しい日本語を話せないと口にされるが、是らの責任は少からず、マスコミ界の影響大であると申上げたい。敢て申すならば各放送局の司会者諸氏、正しい日本語で話して戴きたい。公共電波を使用するといふ事は即ち、厳正中立、放送倫理厳守を旨とするといふ事である。さうした立場の者が個人的感情を諄々と述べ、且つ贔屓《ひいき》の球団などあらうものなら、勝・敗などに我を忘れ大声で激怒するとは何事ぞ!! 無礼千万、このやうな常識を逸脱した行為が子供及び若者の教育上極めて問題と言はざるを得ない。正しい日本語を話せないで！ 外国語も有りますまい！ 至極滑稽な話ではあるが、このやうな現実の社会で日常使ふ言葉は日本語少々、英語少々と言つた具合である。幾ら正しい日本語で話しなさいと教へた所で土台無理な話で、笑止千万、片腹痛しと言つたところである。

少し学校教育に就いて述べる事とする。所謂詰込教育とは何か？ ペーパーテストの結果で序列が決り、人間の一生が決定されると言つた馬鹿げた実に愚かなことが行はれてゐる。心なき教育は有り得ないのである。授業に於ても落毀《こぼ》は無視、出来る生徒だけを教へると言つた今の制度である。受験戦争に勝ち、目指すは一流大学へと突進むのである。現代の教育には人格形成の教育など一切無く、一流大学さえ出れば其処で序列が決る。結果は読者の皆さん御承知の通りである。敢て申す成らば、人の上に立つ者とは、常に身を正し、人の模範と成ねばの教へも忘れ、道徳心の欠如か、人格を軽視する風潮が有ると見るのは某《それがし》だけで有りませうか？ 政治家・役人然り、将又《はたまた》警察官までが、不祥事に及ぶとなれば最早、一体全体何を正義と言ひ、何を信じて我々国民は生きればよいのか？　人の心も自分本意に成らざるを得ない。役人に於ては巧言令色これを役人の言葉のやうに誤解を致してゐる者の多い事此の上ない。上に立つ者は、知・仁・勇の三徳が備はつた者である。併し乍ら、そのやうな人物は残念だが今の世にはをりませぬ。現代教育は将しく仏造つて、魂入れずと申上げる外ない。本来人格形成を重視した教育が真の教育であるならば、現状はどうであらうか？　校内暴力が日常茶飯事。是は教育の欠落・荒廃であると言はざるを得ない。二十一世紀は親と子が共に心の教育を学ぶ以外問題を解決する道は無しと断じても決して過言ではない。そこで問はれてゐる父親の役割、父親は何を為すべきか？　子供にとつて父親とは……？　決して教養高い、社会的地位のある父親だけが素晴しい父親ではない、寧ろ其よりも人生経験が豊富で生活の知恵がありスポーツが万能であり釣が上手で自然の中で子供と遊ぶことが出来る、頼もしい父親を一般の子供は望んでゐるのである。さういふ親父を子供達は尊敬するのである。又父親とは一家を成す者として己に厳しく、人には優しい父親であれば、それはもう最高の親父殿で御座候!!　昔は少なからず、その様な御方が間々をられたもの……。町内の餓鬼大将の頭にゴツンと拳骨を見舞ひ、悪さをすれば叱り付けた怖い親父殿がをられたものであるが。さういふ良き時代であつたやうに思ふのだが……。心何処である。社会が子供を育てる、人の子・我子共に教育したものである。生活は苦しく、貧しくとも心の触合ひがありました。人間といふ者は貧しければ労りの心が生れ、一の物でも分け与て食べる事が出来るものである。そこから優しさ、労り、お年寄を慈み、人間としての心が育つ、これこそが教育の基本精神であらう！　併し乍ら人間とは愚かな者で豊かに成れば自分本意に物事を考へ、満ち足りた生活を望むならば最早、そこには心の成長など無く、自己主義・身勝手を通せうとして人・親と摩擦、即ち喧嘩が起るのである。その結果が殺人であり家庭内・校内暴力として現れるのである。是は戦後教育に於ける欠陥で、人格軽視の堆積に外ならない。

今や、我々戦後生れの親の手に依つて、家庭に於ける教育に真剣に取組む以外、修復の道は無い。政治に心無しとするならば、親達が教育改革を行ふ以外明日への展望は無い。このやうな理由から、親が教育の師・人生の師でなければならない。頑張りませう!!　先ずは権利を教へる事より、義務から教へよ！　義務無きところに権利無しと教へる事！　最近とくに責任感といふ言葉を耳にする事が少くなつたと思ふのは、私だけでありませうか？　この意味が理解出来ない人達が如何に多いかといふ事である。

自分を少し厳しく、仕事に対して義務を自覚すれば単純な事故《ミス》は防げるのである。現代人は多かれ少なかれ、彼是《あれこれ》言訳を言つては責任逃れをせうとする者の多い事何事ぞ!! 医療過失《ミス》などいい例である。人の命を預る病院が如何に人命を軽視してゐるか、言語道断である。基本的な過失《ミス》は基本を忘れての事故であり、入院患者の薬を取違へ死亡さすと言つた事故敢て言ふならば事件が後を断ちません。公務員に於ても然り、即ち、市民・国民の税金で職務仕事を執行してゐる自覚の欠如であり、税金とは国民の血税であるとの認識不足から起る不祥事。全てかういふものは己に厳しく身を正せば、防ぐことの出来ることなのである。過失を犯した者を罰した所で何の解決にもならないのである。教育の基本から遣り直す事から始めねば成らぬ!! 幼児の時からの人格形成を重視した教育が必要なのである。

昔の良き時代の話を少し書いてみることにする。誰でも親子の楽しい想ひ出は心の片隅に残つてゐると思ふ。良いものは現代社会に於ても取入れなければならない。親父が我が人生を語るとき父の偉大さに感じ入り、尊敬の念を抱いた方も多からうと思ふ。時には優しく、時には厳しく子供に向き合つてゐた威厳ある親父を見た世代なのである。父と子の教育文化、日本の父親像を考へやうではないか!! 我々子供の頃は四季を通して自然の懐《ふところ》に抱かれ、伸び伸び育つ。学校が休みの日などは、もう、朝から晩まで泥塗れになつて遊んだものである。然して私自身も然程勉強は出来なかつたが情操教育を学んだやうに思ふ。

私の子供の頃の話を少し書く事にしやう。私の家では植木畑によく百舌が巣を作り、雛鳥を育てる。ある時私は雛鳥を籠に入れて、軒先に吊して置くと、親鳥は危険を冒してまでも雛鳥に餌を与へに来る。その姿を見て感動したものだ。小鳥でさへ、親と子の愛情の深さを教へてくれたものである。又我家でこのやうな事があつたことも記しておきたい！

飼犬が仔犬を生んだ時のこと、今の飼犬は立派な犬舎の中で飼育されてゐて、室内犬などは人間と全く同じ生活をしてゐる犬が沢山ゐるが……。昔は納屋の隅か軒下で飼つてゐたもの。私の家では軒下で飼つてゐた。季節は十二月頃と記憶してゐるが、生れたばかりの仔犬を母犬が必死になつて抱いてゐた。雨の降る寒い朝、雨に濡れ震へながら仔犬を守り、温めてゐるのを見て、命の尊厳、母たる者は我身を犠牲にしてまでも子を守ろうとする愛情に涙した。そして親子の絆を学んだものである。動物でも心を教へてくれ、三枝の礼を知るといふ。然るに人間としての教育に目覚める以外現状を打開する他道は無し!!

男・女・共学・今昔

男らしく、女らしくを耳にしなくなつて久しい。戦後五十五年を経た今日この頃、随分死語になつた日本語の多いことに気づく。まず、スポーツ界でのみ聞れる言葉に先輩・目上・目下。一般社会に於て死語になりつつある言葉に、常識・非常識・義務・感謝など数へ上ればきりがないが、多くを語らずとも読者の皆さんが一番よく御存知と思ふ！

昭和三十年代に入り、最早戦後ではないと耳にすることが多くなり、よく言はれたのは「女性と靴下は強く成つた」といふこと。男女同権と言はれ、優れた指導者に女性がをられたこともあり、各分野に女性が進出するやうに成り、それはそれとして非常に良い事であり素晴しい事であるが、我々男性としては、やはり女性は女性らしく、男は男らしくと思ふのだが……。このやうな事を申上げるは甚だ男性として魅力に欠け、男が弱く成下つた証拠であらうか……。海外では今も日本の女性を大和撫子と思つてゐる人がをると聞くが？　先程も申上げたが今や死語になつた言葉の一であり、男性として非常に淋しい限りである。女性の美しさは、曲線美《プロポーション》だけではなく、内面から出《いづ》る美しさ、立居振舞など、女性としての嗜みも又一段と美しさを増すもの、教養の高さを示すものであるが如何なものであらうか？　我々昭和三十年代に受けた教育は戦前の名残の教へが少しあり、所謂男は男らしく、女性は女性らしくと教へられた先生も多多をられたものであるが、これも時代の流れか？　男女同権と言はれる今日、斯様な事を申す成らば、御叱りを受けやうが、敢て言はせて戴くならば人様の前を銜《くは》へ煙草で通るといふのは女性としての嗜みに悖《もと》り、如何なものか？　さういふ意味からも、女らしさ美しさを求めるものである。近年は優ぐれ者《キャリアウーマン》といふせうだが、同権と言つても言争ひを行ふ水準《レベル》ではなく、女性の自覚から生れるものでありませう。そこの処をよく御承知戴いてより美しさを極めて下さるやう願ふものである。男・女・共学・今昔と述べて参りましたが、男性は男としての人間性、女性は女性の人間性が大事であり真の有るべき姿でありませう。幼児の躾も男らしく、女らしくである。

日本に生れ育つた者として文化といふ意味を理解し重んじなければなりませぬ。長い歴史の中から生れて来た宝と言へる物は沢山あり、このやうな良い物は守り後世に伝へ継がなければならないのである。今日誰もが海外旅行をする時代になつたが、やはり日本で生れ育つた、その故郷が一番良いのである。四季を肌で感じて生活出来る国が外に有るといふのか！　自分自身の教養を高める意味から外国を視るといふなら、それはそれで広い視野を持つ事で大変結構な事であるが、此処二十年程前、昭和五十年代アメリカ気触《かぶれ》と言はれた人達が多く居たものである。アメリカは理想の国で文化もよく、企業に於てアメリカ商法といふか、全てが良いと言つた日本人は少なからずゐた。たかが建国二百年の歴史しか有せぬ合衆国であり、色んな人種が集まつて出来た国である。当然文化も風土も生活習慣も違ふのである。先に述べたやうに日本の国を悪く言はれるのは如何なものか！　併し乍ら今日の日本の現状を見れば無理からぬ事か？　今や日本国民は愛国心が薄れ、やたら外国の文化を褒《ほ》め称《たた》へる若者がゐるが、我が国の素晴しさを知らずとは何と悲しい事でありませうか？　批判するのは酷であらうか？　何故ならば政治は腐敗し権力闘争に埋没している現状を視れば、若者に夢を持て、大志を抱けとは言へたものではない。色々問題を抱へる現代社会を見れば尚更《なほさら》である。子供の教育は両親揃つて取組まなければならず、社会の一員として世に送り出す親には責任と義務があるのである。今の社会を見れば秩序は乱れ、道徳心は薄れ、辛じて一部のみ最少限度守られてゐるに過ない。最近の新聞記事によれば、教育審議会中間報告と題し、学力低下を批判、と記してあり、今の学習指導要領では当を得た教育には有らずと記してあつたが……。遅期に失したと言はざるを得ない。

私が何時も言つてゐる事であるが、人間即ち人格重視の人成りの教育が必要である。幾ら高い知識を身に付けた所で、人格の欠落した者など何の役に立ませうや!! 見るは一時の知識、体験は一生の知識と申す。経験から得た知識は何より勝ると言はれる所以であらう。今の子供達は体験から得る知識が無く、日本だけでなく世界的にそのやうな傾向にある。

探険家で文化人類学の権威ノルウエーのトール・ヘイエルダール博士が若き日の体験談として八千粁の航海を記されてゐるが、それも数人しか乗ることの出来ない、コンチキ号といふ筏に乗り成功した話であるが、このやうな知識は古くから漁師が生活の中から生れた知恵であり、トール・ヘイエルダール博士は筏であつても理論的に可能であることを実証されたのである。ところが、その理論に殆どの学者が異論を唱へたといふことだが、古来から伝わる生活の知恵や、体験から得る知識は決して現代知識に勝るとも劣らないものが沢山あるといふ事を知らねばならないのである。博士は子供達に未来への教室と題して広く応募を求めた所、多くの参加者が有り、子供達は海の素晴しさ雄大さを知り、人間として目覚めて行くのである。博士は言つておられたことに、昔のことだから、今のやうに計算をして、全て計算通りに事が運ぶかと言へば決してさうではなく、食糧にしても航海の日数に対して十分足りたものでは無かつたであらう。飲料水などは貴重なもので、足りなくなつた時などは鰯《いわし》や鯖《さば》の切身を布切れで包んで搾り、その体液を飲んで喉の渇きを癒したと言ふ。子供達はこのやうな体験により素晴しい知識を得たと喜び、後世に伝へて行くと語つてゐたのが印象的であつた。博士はテレビ・ラジオといふものは、見て・聞くといふことであって、身を以て覚える知識では無いと言はれたが私も全く同感である。身を以て体験すると一生涯忘れるものでは無く、故に子供達には、より多く色々な経験をさせて戴きたい。必ずや、人格形成に大いに役立つでありませう。

幼児教育で一番大事な事

幼児を躾る場合に大事な事、それは自分の気持を素直に話せるよふ教へる。父親が行ふ事が理想である。私など子供の頃から苛《いぢめ》に遭つたことなどないので、余り無責任に書けないのであるが、苛に遭つてをられるお子達、親御さんは嘸《さぞ》や深刻であると思ひます。私達の時代、昭和三十年代に教育を受けた方は御承知だとは思ひますが、苛もありましたが、今のやうな苛とは少し違つたやうに思ふ。苛も陰湿なことはなく、只弱い者をからかふ、物を取上げ隠すといつた他愛のない悪戯、教師や親が注意すると苛は治まり、後に遺恨を残すやうな事もなく、仲良く遊んだものである。現代教育に於ては男女同権と幼児期から教へられ仲良く遊ぶのはよいのだが、社会の秩序《ルール》を教へねば成らん親が秩序を無視してゐるやうでは、子供の躾は出来ませぬぞ!! 苛をする子供は自分さえ良ければとの考への子供が多く、親の躾で苛は治まります。子供の教育、それは親の躾であり、苛などは親の教育が即ち悪いと言はざるを得ないのである。親の責任と自覚すれば苛など無くなるのである。何を深刻にお考へか今以て私自身も不思議に思ふのであるが……。構へて申すならば教育の基本とは愛であり、家族愛である。祖父母を慈しむことから始まる。是こそ教育の原点である。

昔は皆さん御承知の通り、国民全てが教育、所謂学問を受けることが出来ない時代であり、極く一般の人、それは、武士・商人など身分の高い人や生活が豊かな人などが学問を受ることが出来た時代であった。教養の有る武士と無学の町人と言はれた人々が同じ世の中で暮す為には、それなりの心を備へて居なければ共に生活出来ないことを町人達は知つてゐて、人との心の触合ひを大事にしたのである。生きて行く術であらうか? それは我が親であり、友人であり、兄弟であり、そうした思ひ遣り・労り・祖父母への尊敬の念を幼時から教へることに依つて高貴な人とも同じく生活が出来たのである。学問を修めた人でも人格を高めるといふ共通の目標に精進致したものである。併し乍ら人間といふ者は何事に依らず、感謝する心を忘れては成るまい。最早進歩無しと知るべしである。

私は若い頃から年長者の方とよく話をしたものである。それは人生経験豊富、私自身勉強になることが多々有り、学校では学べない老人の知恵を学ぶことが出来るからである。昔は学校の先生方にもそれなりに人生を語る師もをられたものであるが、今の先生方は人生を語ることの出来ない方が多いと聞くが、これも時代か……。人生を語れと言つても無理からぬこと……。私にとつて御年配の方は人生の先輩であり、時には師である。色々お教へ戴き、本当に有難く思つてゐる。拳拳服膺《よう》であれと肝に命じてゐるが、時には忘れ反省する事頻りである。我々の年代に成るとよく言はれることに、若者に意見の一も言つて聞かせるいい年の者が何を、とお叱りを受けるのもお年寄からで、頭の上らない者は私だけか？　若い女性に於ては生活の知恵など御年配の方から教はることも多く有ると思ふが？　男・女、古往今来男が一歩主導権《リード》して女性を導いて行つたのは遠い昔の話であらうか。駄目男達よ、切磋琢磨して男の威厳を復権せねばならぬ!!　幾ら時代が変らうとも国を守り、国民を導く指導者は男で成ければならぬ!!　共に良き知恵を出し合ひ二十一世紀を築いて行かなければならないのである。今こそ優れた人材が必要なのである。かういふ人材の育成に父親の責任は大であり、親父とは我人生に誇りと自信を持つて子供に接し子は親の背中を見て育つと言はれるが、その通りだと思ふ。親父殿、強い信念と勇気を持つて人生を生き抜かれたならば、子はその背中を見て親の偉大さを知るでありませう！　そしてこの世に生を受けたことの意義を知るのである。人生の生方を父親から教はるのである。

教育界の諸氏方、構へて言上仕る

今を去ること百十四年前、初代文部大臣・森有礼が暗殺により四十二歳といふ若さで世を去つたが、学校教育に心血を灌《そそ》ぎ、志半ばで無念の最期を遂げた。書残した自警に、教育者は死する覚悟で教育に取組まねば成らんと残した言葉を、今の教育者はどう自覚するといふのか？　嘗《かつ》ての教育者達は、教育は人間の成長であると説いたのである。

福沢諭吉（一八三五～一九〇一）

下級武士で、此の人は常に門閥は親の敵で御座居と言ひ、

天は人の上に人を作らず、

人の下に人を作らず

と人の心を説いたのである。慶応義塾を創設した人物である。

新島襄（一八四三～一八九〇）

同志社大学の創設者である。新島襄は譜代の上州安中藩士で家柄も良く当時としては現在でいふ秀才《エリート》であり、譜代藩とは幕府の政治に直接参加する老中を出す藩であった。然し新島襄は脱藩してアメリカに行き、キリスト教に入信洗礼を受けた後、教育者として目覚めてゆくのである。然し武士道の精神をも忘れず、教育に取入れ吉田松陰の遺志を継ぐのである。大隈重信も自叙伝に述べてるが、倜儻不羈《てきたうふき》の学生を育てよ！

福沢諭吉・新島襄・大隈重信も共に教育は人成りと教へ説いたのである。倜儻とは、自分の考へに信念を持つて！　不羈とは人に御せられないこと！　斯くして明治七年十二月新島襄は日本に戻り、同志社が産聲を上げたのは京都南町丸太町角の旧高松邸で、明治八年十一月二十九日である。校長は新島襄、教師は二人。一人はアメリカ人のデビス他村上作夫。生徒は僅に八人、師弟合せて計十一人である。今を去ること百二十六年前の教育の精神が今尚受継がれてゐることに先人の偉大さを知るのである。第一回卒業生として小崎弘道・横井時雄・海老名弾正らを世に送る。

理想像はスポーツ選手か？

二十一世紀を迎へ、成人式が各地で挙行されるが、祝辞を述べる来賓の話すら聞けない若者が多いと聞くが、実に困つたものである。

二〇〇〇年、オーストラリアのシドニーで開催されたオリンピックで世界の人々に夢と勇気を与へ、素晴しい活躍を為された選手の方々におめでたうと心から御慶び申上げたいと思ふ。女子マラソンに於ては国内初の金メダルに輝く快挙である。多くの国民は高橋尚子選手に声援を送り、涙したことでありませう！　柔道の田村亮子選手に於ては二度目の出場（チャレンジ）で有り、金メダルを奪取することが当然の使命と国民は期待したのであり、田村選手の心の重圧は大変なものだつたことでせう!!　そのやうな（緊張プレッシャー）の中で良くぞゴールドメダリストの栄冠を得られた、此は誠に天晴と申す外、言葉が無いのである。このやうな人の成し得ないことを成し遂げるといふことは、自己管理の徹底・強い精神力が問はれ、大願成就のその日迄我が心に鞭を打続ける苦さは想像を絶するのである。一流選手と言はれる人達は技量《プレー》に於ても力の差などそれ程無く、試合の当日の調整《コンディション》が良い選手は記録も良く又調整が殊の他不十分であつたならば記録も思つた結果が出ないものである。シビア繊細なものなのである。併し乍ら勝敗を決するのは強い精神力即ち気力である。

私など相撲が好きでよく観戦するが、相撲とは面白いもので一番強い横綱が優勝するとは限らないのである。それがスポーツの勝敗の面白いところである。平幕力士が横綱を破り優勝するといふことが偶にあるが、此などは初日から十五日間といふ厳しい勝敗の世界で自己管理・強い精神力を維持した者がその場所優勝するのである。将に相撲の醍醐味であらう！

現代社会にあつて人厳しさを語る時、スポーツ選手を扨置いては語れないのである。是が現代世相なのか？　若者にとつて理想の人物像がゐないとは誠に悲しい限りである。もし歴史が私達に何かを教へるとするならば、日本国二〇〇〇年の歴史と共に築いて参つた心を伝へ、人の道を説き千年、受継がれて来た宗教の教へであり武士道の教へでもあつた。是こそ人成りの教育である。たかだか半世紀の今の教育が如何に人間教育を否定したものであるか結果は明白である。

一八五三年、今から凡そ百五十年前（嘉永六年）ペリー浦賀来航の年、新渡戸稲造がべルギーの法学者の大家・ド・ラヴレー氏との話の中で宗教の学校はないのですかと聞かれ新渡戸は有りませんと答へたといふ。法学者のド・ラヴレー氏は聞き返し、宗教無しで如何して道徳教育を授けるのですか？　新渡戸は武士道で学ぶと答へたと後に記されてゐる。新渡戸稲造は文久二年（一八六二）南部藩士・新渡戸十次郎の三男として生れた。武士としての生方で幼年の時代を送れた人物である。

「武士道」（奈良本辰也氏訳解説）から。

武士とは何時も強い精神力を持ち、自制心の手本であつた侍には殊の外、大事にされたものである。人の上に立つ者は武士が切腹して責任を取るやうに罪を償ひ過去を謝罪し不名誉を免れ、家族を救ひ自らの誠実さを証明する方法で成けれればならん!!

私を産んだのは父母である。私を人たらしめるのは教師であるといふが寧ろ、育ての親は社会なりである。

人間といふ者は、我身に義務を感じる謙虚さを備へてゐれば、身を正し、自分の行に自信が持てるものである。現代は働く女性も多く成つた事もあるが、家庭を顧みなくなつて言語に絶するほどの道徳的頽廃が起つてゐるではないか！　ラフカデイオ・ハーンの言つた言葉として日本人の武士「小柄なジャップ」の身体が、有してゐた忍耐・不屈・勇気は日清戦争に於て余すところなく証明されたと記されてゐる。先人の心を持つて人の心を説くとなれば、日本の将来を想ふ時若者達を見るにつけ、悲しく心痛むのは某だけでありませうか？　現代教育に於て心無き者が教へ導くとなれば最早人間の教育ではなく所謂仏造つて魂入れず、ロボットが教へる如くである。

今年も多くの若者が成人式を迎へるであらう。中には素晴しい才能を持つた若者もをることだらう。若者には古い話で恐縮であるが、今を去ること百年前、彼の滝廉太郎が明治三十六年六月二十九日、二十三歳十ケ月といふ若さで世を去つた。当時の文部省の命により明治三十五年ドイツライプチヒ王立音楽院に留学、将来を期待されたが、肺結核となり翌年帰国。滝廉太郎は国家に対して、誠に申訳なく存じ候へども、病に倒し我が身を御許し下さいと、故郷の大分で淋しく死去したことを音楽家を志す若者達に考へて戴きたい。今の世は豊かであり我が才能に目覚める事が出来れば、十分恵まれた環境の下学ぶことが出来るのである。滝廉太郎の遺志を受継いで戴きたい。先人の心に学びたいものである。尚不治の病とされた肺結核であるが、今日では医学も目覚しい進歩を遂げ治療すれば治る病なのである。

所詮人間は自然界の驚異に従ふ!!

文明開化から早一世紀が経ち、人類が宇宙へ飛立つ時代になり、目覚しく科学は進歩を遂げたが、スペースシャトルを打上げる時、一度強風が吹荒れると手も足も出ずとは……。自然の驚異に従ふ外無く、此やうに人類が如何に優れた科学を以てしても自然界に勝利する事等出来ないのである。アメリカの科学者の中に最早我々は宇宙を征服したと馬鹿なことを言ふ学者がをると聞くが……。天変地異には唯手を拱く外無く、征服等とは自然を冒瀆することであり、厳に謹しまなければ成らぬ!! 二十一世紀に我々は何を残せると言ふのか? 子供達の未来・教育を考へる時人は何を成すべきか真剣に考へる時代、それが二十一世紀なのである。人間は自然の恩恵を受け生かされてゐるといふ謙虚さを知らねばならぬ。国の指導者の指針と願ふものである。

若者よ!! 本音を聞かう!

其方達は何故! 心を開かうとはしないのか? 何故本音を語らうとしないのか? 私は、其方達の話を聞きたいと思ふ! 屈託のない気持を聞かう。

其方達がこの日本の国を背負つて立つ人材なのである。その自覚を持つて戴きたい!! 希望や夢が持てない今の世に若者達の心も理解出来るのだが……。政治に未来を託す事が出来ないと成れば、其方達の若い力で未来を切り開いて戴きたいのである。御承知の通り、政治とは名ばかりで高い理念もなく国民を等閑《なほざり》にし、権力闘争に埋没している愚さを見れば、政治家に対し尊敬の念も消え失せ、この矛盾を知つた若者に無視されるのも無理からぬことである。

隣国に於ける若者は、国を誇り、人を誇るといふに……。我が日本の若者はといふと、国を誇れない、人を誇れないでは……。悲しい限りだ!!

曾《かつ》ての先人西郷隆盛・坂本竜馬・勝海舟等は、日本の夜明を叫び、担つた人物である。併し乍らこの時代御承知の通り、幕府には絶対服従の時代に、上位将軍の事を指していふ又は上意ともいふ、其時にあつて彼等は敵は百万有りとて我が信念死して変る事なき御座候ふと強い決意で幕府に立向かつたのである。男子たる者改革を成し遂げるには命をも掛けなければ出来ない大仕事である。男子たる者人生に於て二度命を掛けなければ成らない時期がある。

其一に男一生の仕事と決めた時、命を掛けるのである。もう一は我が信念を貫く時である。彼の伊能忠敬（一七四五～一八一八）など、当時としては五十五歳と言へば当然隠居生活が普通であり、日本全土を歩き地図を作製する等といふことは考へられないことであり、信念とは斯の如く老体に鞭打つ強い精神力で蘇へさせる。今の世にあつて五十、六十歳は洟垂れ小僧!! 此の心を忘れては成るまい!!

若者達に話を戻さう！ 中には身を持ち崩し暴走族所謂反社会的集団を成す。子供達・若者達は家庭から見放され又学校から落毀と見放され、結果は同じ境遇に有る者同士がこのやうな人に迷惑を掛けることで怒りを表現してゐるのであるが……。無論言語道断、許せる行為ではない。寧ろ厳罰に処すべきであらうが、聞けば低年齢十三～十五歳といふ、親に責任が問はれる子供達である。昔で言へば十五歳で元服と言ひ男子が成人になつた儀式を行つたものである。今の成人式である。此の年歳《とし》に成れば物の道理が判らうといふものだが……？ 此も我々大人が幼児の時期《とき》正しい躾を怠つた附が今若者の行動として現れてゐるのである。罪を犯す者が悪いのであり論議する意は持たないが、私自身決して若者を擁護する気は無いが、一概に若者の犯罪を責める事は出来ない!! 何故ならば我々大人の責任もあると自覚せねばなるまい。読者の皆さんに於ては異論も有ると思ふが、今一度我に問ふて戴きたい。如何に心の絆が大事であるか……？

偽りの人生は人生に有らず！

二十一世紀は伸び伸びとスケールの大きい人間に育つて戴きたい。幼児の頃から人の顔色を見ることを覚え、親は子供に彼を言つてはいけない。此を言つては人に嫌はれる、権力者に附いてをれば得をする、黙つてゐれば自分の利益に成ると思ふ人の多いことか……。現代社会に於ける高い知識もこれでは、何の為に学問を修めたのか疑問である。何故なら現代人は自分を表現出来ない人が多いからである。信念を持つた人が如何に少ないか？それは死語に成つた言葉を想ひ出して戴ければ判ることであるが、若者達の言葉からは正義といふ会話を聞いたことがない。自己主張を出来ない若者の多いことは、所謂愛国心の薄れか誠に寂しい限りである。民主主義とは名ばかり、其の実言論の自由を奪つてゐるのだ!!　一部の世界でのみ生きて居るに過ぎない。御承知の通り、ジャーナリスト・マスコミの一部で生き残つてゐるのである。本来国民に根付いてゐるものが或世界でのみ生きてゐる。矛盾が若者に言葉を与へず言論の自由を奪つてゐるのである。若者よ!!　信念を持て、正しい事は例へ如何やうな人物であらふとも堂々と主張出来る人間を育ることが今こそ必要なのである。若者の特権とは我生れ来て、何を為すべきかを考へ夢を持つことなのである。それが斯言ふ、国が栄え若者が真剣に日本国の行末を思ふ時、愛国心が生れるのである。それ故人生に偽りがあつてはなるまい。己に正直であれ、若者よ!!　我人生に悔を残してはなるまい、幾ら高い知識を身に付けたところで世の為、人の為に使つてこそ人間として、本当の教養を高める事が出来るのである。構へて申上候ふ、教育学者が彼是論じて見ても、今の教育を継承するならば何の手立が有ると言ふのか?　最早そのやうな妙薬など無いと断じる外なし。因つて人格重視の教育を論じる以外、解決策はない!!

　私の好きな言葉に、司馬遼太郎先生の言はれた、

優れた人間と言うのは、

金儲けの出来る人ではありません。

よく働くことも結構ですが、

そう言ふことでもない
やはり魂のきれいな人ですね……。
今の世に此の様な素晴しい言葉を残された司馬先生に敬意を表したいと思ひます。
二十世紀最後の年、私は極く親しい友人を亡くし、野辺の送に際し柩の中に菊一輪と言葉を添へ、贈りました。
君に哀惜の念を以て
此の言葉を贈らう
我友よ!
其の名は田中光男
名も無い男が静かに
此の世を去つた
心優しき男であつた
父母を慈む男であつた
君は素晴しい友であつた
安らかに眠り給へ

又会ふ！

君の明るい声を聞く為に

　享年五十三

　現代に於ては若いと言へるでありませう。惜しむらくは、若い人が世を去つて行く、何とも心悼むものであり哀惜の念を禁じ得ない。人間の一生といふものは儚いもので、志を遂る人は極く一握であらう。然るに駒隙《くげき》の如く過ぎ去りし日々を想ふ時只、身を任せてよいものであらうか？　二十一世紀を迎へ、今年も我々を驚かす事件や事故が相変らず起るであらう。今こそ人として目覚め、人の心に還らうではないか……。

　日本には世界文化遺産に登録されてをるものが幾つかあるが、その一に屋久島の縄文杉樹齢六千年～七千年の時世《ときよ》経て紀元杉所謂、屋久杉と言はれるものが縄文杉を育ててゐると言はれてゐる。何世紀にも亘り時代を見つめて来た壮大な山を見れば我々人間の愚さを知るでありませう。人生に於て生きると言ふことを真剣に考へさせられるであらう。自然を守る大切さの本当の意味が判ると言ふものである。未来へ受継がねばならぬ問題の一であり、政治課題でもある。四季折々の草花を見る美しい風景に出合ふ時、心洗はれる思ひがする。即ち人は優しく成れるのであり、自然の恩恵を受け成長するのである。それは子供であれ大人であれ共に学び教はるものである。或時は過去りし日々を想ひ心癒し新に生きる活力を得るのである。謙虚とは昔を偲ぶ、其は初心に帰ると言ふことなのである。昔を偲ぶと言ふのは進歩が無いと切捨てる御人もあらうが……私はさうは思はない。寧ろ人間として、過去を振返る・反省の心を持つことが人間の進歩でありませう。百年を一世紀とするならば、我半世紀を生きた者として、歴史の一頁を見て来た人間として、斯く言ふ私も、駒隙の如く悔いるばかりで有ります。

役人よ!!　国民を愚弄《ぐろう》するとは無礼なり

読者の皆さん、官尊民卑《かんそんみんぴ》といふ言葉を御存知だらうか？　書いて字の如くであり、政府や役人を尊び民間を卑しむことであり、現代にこのやうな言葉が今尚生き続けてゐるとは驚きである。何故ならば奢り高ぶる役人の言動を見れば、汚職は日常茶飯事、偶に事件としてマスコミに報道されるとトップは謝罪して綱紀粛正と言ひ二度とこのやうな事のないやうにとお決りの言訳に終始する巧言令色ぶりである。今こそ政治家や役人に厳しい目を向けねばなりませぬ。国民に対し納税義務者と位置付けるのであれば、又税金を正しく使ふ役人にも義務が当然ある。併し乍ら税金の意味すら判らぬ者の何と多い事か。公務員として見識品格を持ち備へた者には恥辱の窮みであらう。国民を愚弄し軽んじるか、血と汗の結晶であるべき血税を理解出来ない役人の多いことに厳しい目を向けねばならぬ!! 何故ならば国民主権の政治でなければならないのである。我々国民の血税の上に胡座をかくなどといふ愚かなことが許されてよいものであらうか……。私も役所に身を置く者としてこの矛盾を黙視することは出来ず、職を辞したのである。

本来公務員といふ者は全体の奉仕者であり、決して温湯に浸かつてゐる極楽職場ではない!! 或自治体の幹部などは税金とは湯水のやうに湧き出る物であり幾ら使つても底をつくことはない、税金とはそういふものだ! などと戯けたことをぬかす不逞の族が自治体のトップにをるとは、最早公務員倫理も地に落ちた!! 政治家などは有権者の代表であり拳拳服膺《けんけんふくよう》でなければならぬ。共に公僕精神を忘れてはならない。我が身良ければ、他人は……の心は厳に戒めねばなるまい。

今年も早不況の嵐で三百二十万人の失業者を出し、民間企業の雇用労働者の人達は不況の嵐の中解雇所謂リストラ・首切の憂目に遭ひ、職を追はれ生活苦に陥る現実を見ると公務員といふ職は終身雇用なのである。職務を努努《ゆめゆめ》疎にしては成るまい!! 仰いで天に愧ぢずである！　政治家などは事件を起すことあらば二度と政治家の職に就くことが出来ないやう厳罰を以て処すべきであり罪を悔い改める、更生を待つといつた水準（レベル）ではなく、構へて申すならば人の上に立つ者は常に身を正し己の行に責任を課す者でなければならぬ。それが指導者といふものである。人間といふ者は老若男女を問はず、人生を学び成長を遂げる努力を怠る事勿れ!!　と心せねばなるまい。教育が心であるならば少くとも政治家・役人等罪を犯す愚者も後を断つといふものである。

我々映画やテレビで娯楽時代劇を見ると、ストーリーは面白く俳優が演じているが、歴史を溯る江戸時代などは幕府の臣下・老中が不祥事に及ぶことあらば、御家断絶、身は切腹と厳しい処罰を課したものである。権力者故に人の道を厳しく問ふのである。当時の治安はよく、殺人事件など年に数回起る程度であつたと江戸風俗書物に記してある。我に厳しく心すればこのやうな犯罪は起きないのである。

若者よ!!　日本文化を見直さう

私は京都が好きでよく訪るが、雅びの生活の中に受け継ぐ町である。伝統工芸を今に伝へる町である。主に西陣織錦・緞子などの高級な絹織、特に女性物の帯が有名である。京は染物の町でもあり、職人の技が生きづく将に古都である。このやうな伝統は衰退の一途を辿らうとしてゐる。現実を見ると何としても守り、後世に伝へ残してゆきたいと思ふのは私だけでありませうか……!? 全盛を誇つた栄華も今は無く此れも時代の流れか……?

私は普段着は着物である。私なりに着物の善さを少しお話することにする。一は、着物は非常に暖いといふことである。又姿勢が良くなる事など実に身体に良いのである。私事で恐縮であるが、着物を着ると正座することが多くなることもあり一時間は座ることが出来るが、これなどは着物を着ることに因り習慣づいたことであるが、若者特に若い女性に身に付けて戴きたいものである。もう一の良さは背筋を伸ばし顎を引き、物を見る視線は実に美しいものである。大いに着物をお召しに成つて戴きたいと思つてゐる。

伝統を継承する後継者が居ないといふこともあり、育てるといつても匠の技を受継ぐ為には十年以上の修業が必要とされるが、一人前に成得たとしても生計が成立たないといつた問題もあり、個人的努力では最早再興は無理と言はざるを得ない。政治課題である。

日本古来の伝統工芸一千年の歴史を持つ日本刀だが、山陰地方に蹈鞴《たたら》の里と言はれ、村下蹈鞴製鉄所がある。良質の珠鋼を作る為に熟練した職人が昼夜不眠不休で作り上げる珠鋼は、刀匠の技により素晴しい日本刀として生れ変るのであり、只々伝統文化を前に感慨無量であります。

我々忘れてはならない物に和紙がある。現代に於ては殆ど需要がなく、私など利用する者にとつては入手が難しく困つてをる一人である。紙を漉く職人の高齢化に伴ひ後継不足で一部で和紙が作られてゐるにすぎないのである。私はペン字が苦手、寧ろ筆を使ふことが多く特に和紙で書物をすることが多いのである。現代人は字を書かなくなつたとよく言はれるが、パソコンが普及したこともあり文字が読めるが書けない人が増えてゐるとも聞く。無理からぬことで、字とは書いて覚えるものである。千年生きる奈良筆等も記して置きたい。

言葉の文化も大事にしたいものである。私など自筆の手紙や礼状を戴くと、実に有難く嬉しいものである。今や文書はワープロ・印刷物で事務処理が出来る時代ではあるが、何か味気ない思ひは私だけでありませうか？　小学校の教育課程に於て習字を教へる時間など数時間と聞き及ぶが私達が学んだ時代は、百時間程度習字の授業が行はれたと記憶しているが?……。当事は教材として硯箱を買ひ、硯で墨を擂り、字の練習をしたものである。かういふ物は日本の文化として最も大事なものであり、残さねばならない一でありませう!!　日本の伝統文化を今一度見直す事に依り、未来に受継ぐ後継者も育つといふものである。全て教育の基本と成す問題なのである。読者の皆さんも是非お考へ戴きたい!?　日本の心が消えて行く現実を見ると、国が滅びる如く危機感に心痛める一人であります。

日本の文化を見直す!!

有形・無形文化財保持者、所謂人間国宝と言はれる人は各分野に於てその道を極めた人達である。表現されるものとして、雅楽・能楽・文楽・歌舞伎・邦舞・民俗芸能などの芸能分野及び陶芸・漆芸・染織・金工・工芸美術。最も歴史上・芸術上価値の高いものである。中でも大衆演劇に属する瞽女を取上げ記して置きたいと思ふ!

人間国宝瞽女《ごぜ》・小林ハル

瞽女とは盲目の女性の三味線弾のことで、全国を旅して廻る門付、所謂音曲や舞など芸をする人のことである。小林ハルさんは明治三十四年の生れで、百歳を迎へられた瞽女人間国宝である。新潟県に生れ生後間もなく視力を失ひ、ハルさんは自分の生立ちを此のやうに述べてをられる。実母でありながら何故こんなに私に厳しいのか……?　母親はハルさんに此のやうに言はれたといふ。お前は目が見えないので人様の役には立たないので何事も素直に聞き、言はれたことに従ふことがお前の生きる道なのですと、教へられたとハルさんは後に語つてをられる。心を鬼にしてといふ言葉があるが将にその通りで、母親として苦しく辛いことであつたらうと思ふ。七～八歳で瞽女に弟子入り三味線を教はるのであるが、その修業は実に厳しかつたやうで、絃を押へる指先が切れ、血が出ることもあつて上達が覚束無い時は撥《ばち》が容赦なく手の甲を強く打つといつた苦しい稽古に耐へ、軈《やがて》ハルさんは全国各地へ瞽女として極寒の地へ、時には険しい峠を越へ片田舎へ唄つて廻るのである。時は過ぎ、八十年前当時乗物等なく、自分の足で行く以外方法のない時代であつた。現代のやうに全て交通機関に頼つて旅行が出来る時代ではなく、現代人には想像を絶する苦労の旅であつたらうと思はれる！ ハルさんは或日、先輩に酷い折檻《せつかん》を受け、女性として一番致命的な子供の産めない身体になつたと言つてをられたが？ 詳しいことは語られない？ ハルさんの芸の神髄《しんずい》を極める心に嫉妬したことであらうが……。人にも随分騙されたと聞く。本人も言つてをられるが、特に金品を騙取られることが多かつたと思はれるがハルさんは語らない。何たる愚かなことか、光を失つた人から奪ふとは……。ハルさんは母親との再会、それが最後の別れ、その時の様子をハルさんは、只涙が頬を伝ふ、言葉を無くした再会であつた。その後のことは記すことも無いと思ふ！

又ハルさんは養女に迎へた娘さんまで早く亡くされ、世に言ふ苦労する為に生れて来たやうな人生であつた。併しハルさんは決して私は苦労したとは思はない。神様が私に与へた修業であります！　人に騙される者が悪いので相手を責めることはない、これも修業ですと言はれるが……？　世間の常識では身体に障害を負ふ人達は介護を受けるにしても掛かる費用の問題もあり、貯蓄に努めるものであらう!!　人の一生には常に利害関係といふものが付いて廻るものであるが、俗世間を離れ悟りを得た人であらう!!　小林ハルさんは今新潟県の或老人ホームにをられるが、今以て現役で千人もの観衆の前でマイク使はず、劇場の隅々まで響き渡る透き通る声だと言はれている。百歳にして成せる業に只々驚き頭を垂れる以外言葉を持たないのであります。お会ひすること叶ふならば恭敬の念をもつて御目通り致し度く御座候。御高齢にあらせらるに依つて、介護に携はる皆様に対し尊敬の意を表すものであります。敬重に御心配り戴きますやう重ねて御願ひ申し上候ふ。

このやうな人間の宝ともいふ人を一部の人のみが知るとは何たる教育の矛盾か？　日本文化を尊いと教へるならば何故若者が日本の常識を理解出来ないか……。それは戦後教育の誤りであり、日本文化を軽視する証でありませう!!　二十一世紀は将に日本の心何処《いづこ》でである。日本人の心に目覚め日本の国に誇りを持つことが即ち、文化を知り尊ぶといふ事なのである。

移り変る時代と共に姿を消すであらうこのやうな人間の生活から生れ来る喜怒哀楽を唄ひ継ぐ人が少くなる現実を見れば、是非残して行きたい文化であると思ふ。人間とは、とかく興味があれば感心があらうと言ふもので、贔屓《ひいき》筋の歌舞伎役者又はお好きな落語家の人間国宝と言へばお判りのやうに知識として身に付いたものである。興味がなければ知識として身に付く事もなく見過ごすものであります。人間社会を超越した人のみが辿り着く、技・業であらう。我々偉業を成し遂げる継承文化を大切にする心が欲しいものである。

文化財を考へる!!

日本文化を語る時、神社仏閣の建造物、所謂日本建築を考へる上で寺院・神社の建造に携はる宮大工と言はれる人達は全国に極く少数だと言はれてゐる。これも前にも述べたやうに職業として生計を維持することが出来ないことが理由であらう。然るに後継者育成ならずといつた問題が文化財保存に影を落してゐるのである。岐阜県に合掌造りの里、または茅葺の里とも呼ばれてゐる集落が在るが、一部京都北部の美山地方にも茅葺造りが残つてゐる。これらの建築物は、冬暖かく夏涼しいといつた日本古来の生活の知恵から生れた地方特有の建造物と言へるだらう。このやうな茅葺の家は全国で約千棟と言はれてゐる。又職人所謂、茅葺師は日本では僅か三千人程度である。材料として使ふ茅も自然破壊によりめつきり少くなつたと言はれてゐる。私の子供の頃は河川敷など何処でも見掛けたものであるが……？　今は栽培すると聞く。茅の根を植ゑ材料として使用出来るまで四年の月日が掛かるのである。今日この茅葺師、此とて、若い世代に受継がれるべきものであらうが、洋風建築を望む現代に於ては消え行く、日本の心我悲しくである。国は国民の同意なしに税金の無駄遣ひを改め、このやうな文化財保存にも税金を遣つて戴きたいものである。

日本犬に見る天然記念物

日本犬を天然記念物に指定する理由の一に、日本特有の畜養動物であることは勿論、その動物が日本民族の由来を究明するに重要な意義があると言はれてゐる。犬は人類最初の家畜で約一万五千年前、中近東イランで化石が発見されてゐる。日本では縄文時代早期の約九千年前の遺跡から化石が発見されたのが一番古いとされてゐる。日本犬の起源を探らうとした中で山陰柴犬だけは特異な位置を占めてゐるが、他の秋田犬と信州柴犬、北海道犬と甲斐犬、四国犬と美濃犬はお互ひに特に近い関係にあり、外国犬と比較すると日本犬同士は全体として近い関係にある。

秋田犬は江戸時代慶長年間、代々の藩主が武士の闘争心を養ふ為に大いに闘犬を奨励したと伝へられてゐる。秋田犬は一時期闘犬に使はれることが多くなり、より強い犬として土佐犬の血を入れるやうになり、また日露戦争の勝利によつて樺太の半分が日本の領土となり、鰊《にしん》漁の出稼ぎなどの為東北地方から盛んに北海道方面に出掛けたものらしい。人間の交流と共に地方の北海道犬・樺太犬、比較的大きい犬が入つて来た。明治・大正時代黒毛や黒褐色・白黒斑の犬が多く少からず影響を与へたものと思ふ。昭和初期から戦後のしばらくの間、樺太犬の長毛種の影響と思はれる長毛の犬が生れ、随分悩まされたやうである。現代でも偶《まれ》に長毛が出る事があるが、この時代は犬種混合の時代でもあつた。反面これでは「純和犬」が消滅すると言ふので、中央始め地方に於ても憂慮する人々が立ち上がつてきた。単に犬だけでなく日本の伝統・史跡・名勝・動物・植物などを復活保存・育成しやうと言ふ声が全国的に大きく運動も高まり、軈《やがて》これらを天然記念物に指定しやうとする運動が起り、大正八年に法制化されるやうになつた。昭和時代に入り昭和六年（一九三一）七月、日本犬で初めて「秋田犬」が天然記念物に指定された。続いて古典的な日本犬として甲斐犬・越の犬・柴犬・四国犬・紀州犬と指定されたが、中でも「越の犬」は余り耳にしない犬であり、此の犬は北陸地方に残存した中型の日本犬であつた。戦後の国内事情もあつて何時しか絶滅して、現在日本犬として天然記念物に指定されてゐるのは五種類である。

斯く言ふ私も大の犬好きである。物心が附いた頃から大きな熊のやうな犬「秋田犬」が私の子守をしてゐた。其の頃からの犬との付合である。過去には外国犬種も何頭かは飼つてはみたが、やはり日本人には日本犬が一番良いやうに思ふ。何故なら生活習慣・風土が合つてゐるのであらう。自然に飼ふことの出来る犬である。また日本犬に共通して言へることは忠誠心、それでゐて心は強く、相手が猪であらうが、熊であれ向かつて行く強さを共に備へてゐるのが日本犬である。私は秋田犬を飼つて居る。名は「龍」「琥之助」と言ひ、風格と言ひ、品位の良さの中に素朴感を持ち、禀性の表現の豊かな相貌を見る。若犬から成犬にと年を重ぬるに従ひ、威風堂々たる逞しい姿に変つてゆくのである。私など毎日のやうに散歩に犬を連れ出掛けるが、途中知人と出会ふとつい立話が長くなるが、それでも大人しく座つて待つてゐる忍耐強い犬である。私は何時も琥之助に言葉を掛けるやうにしてゐる。四年も生活を共にしてゐると、私の言ふことが判るのか利口な犬である。この犬の特徴は、黒い瞳と大きな頭部からも察せられる通り、大変怜悧で家庭の伴侶犬として充分通用する能力を備へてゐるものである。

昭和十年（一九三五）三月八日、一頭の秋田犬が薄らと雪化粧した渋谷駅前に老いた姿で凍死してゐた話は「忠犬ハチ公」で読者も御存知の物語である。名優の仲代達矢氏が演じた人間と犬の愛情物語で涙した方も多いと思ふが、飼主の亡くなつた後も毎日駅まで迎へに来る忠犬ハチ公を見て人々は感動し、当時朝日新聞に掲載され全国に知られた有名な話である。この犬種の性格を表現すれば、日本人が美徳とした温和で忠順、事に当つては身を挺して主人を守る、強い服従性を持ち、威厳を備へ、他犬種に比較してシヤイな犬は非常にまれで、忠実で律気である性格は忠犬ハチ公の美談で知られる通りで有ります。このやうな話は子供の教育に於ても非常に大事であり、動物愛護精神からも伝へて行つて戴きたいものである。雑誌「愛犬の友」秋田犬の一部引用す。

釣に見る自然破壊

私の趣味の一に釣がある。三十年釣をしてゐるが、今は主に海釣に変つて来たのである。何故ならば三十年前に釣れた魚が今はめつきり釣れなくなつたことが理由である。釣れなくなつた魚とは淡水魚であり中でも釣用に改良された鮒のことである。俗にヘラ鮒と言ふ。鮒とは真鮒・銀鮒、それに源五郎鮒、琵琶湖・淀川水系に生息している鮒のことである。ニゴロ鮒は鮒鮨としても有名である。この鮒を改良したものをヘラ鮒と言ひ、釣人には人気のある魚である。「ヘ」の字に似てゐることから此の名が付いたのである。この魚は人造湖、ダム湖などに放流されると五十センチ以上に成長する魚である。現代では自家用車が普及したこともあり、私など車で全国のダム湖へ釣に出掛けたものである。

それが此処十年程前からヘラ鮒が余り釣れなくなつた。原因は色々言はれてゐるが、少くとも私は自然破壊が大きな原因だと思てゐる。人里離れた山奥の湖で近年大量に赤潮が発生するなど、過去にはなかつた現象が彼方此方で現れてゐる。当然酸素不足で魚は大量に死ぬといつたことが各地で起てゐる。また外来魚と言はれる淡水魚（ブルーギル、ブラツクバス）など灌漑用溜池、所謂野池や川・湖で繁殖し、稚魚の鮎・諸子《もろ》・鮒など食ひ尽すのである。琵琶湖では深刻な問題となつてゐる。魚の生態系が変つてきたことも魚が釣れなくなつた理由の一であらうが？　以前川や沼などに生息してゐた貝や泥鰌《どじょう》が今は見られなくなつたことなど、水質が悪化したことに因るものである。海でも同じ事が言へるのである。魚貝類など昔のやうに獲れなくなつたと聞くが、これも海が汚染されてゐる証であらう。

特筆すれば、最後の清流と言はれる高知県四万十川で七十年もの間漁師をされてゐる四万十川の仙人と呼ばれてゐる和田春広さん。八十三歳の高齢であるが、この人の言はれることに、私は四万十川で七十年もの間漁をしてゐるがこのやうに鮎が大量に死んだのは、過去一度も無かつたことだと、言はれた事に私は強い衝撃を受けた。これなど自然破壊の現象であらう!!　一説には酸欠で鮎が死んだと片付ける者も居たやうであるが、私はさうは思はない。和田さんが言はれる七十年の漁で一度も無かつたと言はれること将に自然破壊が進んでゐると見るべきである。以前は四万十川にも獺《かわうそ》が生息してゐたのである。今は絶滅したといはれてゐるが？　マスコミ、特に各テレビ局が挙つてこの四万十川を最後の清流と言つてはこの地を訪れ放映することがよくあるが、その都度現地の漁師に以前と比べて魚の獲れる量はどうか？　実に滑稽な質問をしてゐる者が居るが、現代に魚の絶対数などの減少は疑ふ余地がないことが何故判らないのか？

山に於ては酸性雨で木は枯れ禿《は》げ山を見る事が最近多くなつたのも事実である。生態系に及ぼす問題は他方面に亘り結果として現れてゐる。日本近海では珊瑚礁が絶滅した地域もあり、深刻な事態に到つてゐる。これなど魚の生息に関ることで、漁民にとつては将に死活問題である。生きとし生ける物、太古から山には山の恩恵を受け、海には海の恩恵を受けてゐる。川も然りで人間は四季を通じ恵みを受け、生きることが出来るのである。中国ではその昔、猿から薬草を教へられた話がある。下痢をした猿が植物の葉を食べてゐる所を人が見、猿とは人間に一番近い動物である、下痢をすると言ふことは腹痛を伴ふものでエサを食べる事に疑問を持ち、その植物の葉を持ち帰り煎じて飲んでみると、下痢が治つたことで人は現代に於ても漢方薬として伝へ使用してゐるのである。日本の四季、初夏には紫陽花が咲き人々の目を楽しませるが、この葉には殆ど害虫が付かないのである。この紫陽花の葉に毒があることを虫は知つてゐるのだ。このやうに動植物から教はることが人間には多々ある。自然破壊が軈《やが》て後遺症を齎《もたら》すと現代に警戒信号を出してゐるのであり、我々は心せねば成るまい!!

又自然破壊で是非とも記して置きたいものに野生動物がある。絶滅の危機に瀕してゐる中でも代表的なものとして海では「アカウミガメ」。天然記念物であり、産卵場所で知られる御前崎の浜で産卵するのである。最近では一般の人が見学に訪れると聞くが、中でも亀に危害を加へ産卵した卵を割ると言つた心ない人がをるとか？　此の御前崎にも人の手が入り、以前のやうに産卵に上つて来る「ウミガメ」が年々少なくなつたと言はれてゐる。その理由の一は浜が狭くなつて産卵場所が限られたことに因るものらしいが……？　地元の方々の努力に依り人工孵化され海へと還されてゐるのである。日本「カモシカ」も然りで有る。

このやうに野生動物が絶滅の危機に瀕してゐるのは自然破壊以外の何ものでもないのである。自然と人間の共存を次の世代に受継ぐためにも教育上最も大事なことで有り、子供に正しく教へねばならないことである。人間は自然から恩恵を受けても、人間から自然に恵を与へることはない。此の半世紀我々は高度な文明を取るか？　または自然との共存を取るか？　の選択に迫られ、文明を選んだのである。人とは愚かな者で、豊かに成れば苦労時代を忘れるものである。人間の都合だけで自然破壊を続けて来たものである。一部の人のみが考へる事ではなく、国民の理解と協力がなければこのやうな問題は解決出来ないのである。

核兵器を考へる!!

この問題を語る時、日本人を抜きにしては語れないのである。何故ならば日本が人類最初の被曝国である。それ故悲惨なことは我々日本人が一番よく知つてゐるのである。一度核兵器が投下され被曝すれば、長年にわたり植物は生えることはなく死の町と化すのである。人間に於ては一生涯治療を施しても治る事はない。又親が被曝すると子供まで被害を受ける恐しい兵器である。現代医学が進歩を遂げた今日でも被曝者の治療法は何もないのである。あのロシアで起つた原発事故から十年、その後と題した或テレビ局の番組を見て、驚かれた読者も多いと思ふ。実に悲惨なものである。放射能に汚染された子供達は痩せ細り、身体に色んな症状が出るのである。此の事故で多くの人命が失はれ、助かつた人達も被曝により一生涯苦しむのである。

より高度な文明社会へと突き進むのである。大国は競つて核兵器を持つが、これとてより一層破壊力のある兵器を持つことで、強い大国と他国に誇示し脅威を示すものである。

何んと愚かな事であらうか!! 其処には何程の人間を殺戮出来得るか、競つて兵器を造るのである。最早人間の心持たずして悪魔に心を譲り渡したのである。学問は人を造り、人に心宿す。然し人、権力を知れば人を亡ぼし我が身をも亡ぼす。

何時とは無しに変りゆく学問の精神か? 世は移り、人は変れど学問の精神だけは変つては成るまい!! 先人の教へえを守りたいものである。政治も然りである。大事を為すは、人を以て本と為す! 即ち大事を為すは必ず人を以て本と為すとは、「今人我に帰するになんぞ棄て去るに忍びんや」、「民は国の宝成り」、遠くは詩仙と言はれてゐる李白(七〇一~七六二)・杜甫(七一二~七七〇)は劉備玄徳・諸葛孔明のこのやうな言葉に説いた誠実で忠義な人となりを尊敬し、後世に彼等は素晴しい作品を数多く残し我々現代人に今猶人の心を説き、教へることが多いのであります。心の問はれる時代が来る事を願ふものである。私は想ふ……。自然の神秘とは謎でよいのである。敢へて知る必要もないのであります。何故ならば、知れば其処で自然破壊が始まるのである。

我が町伊丹

伊丹には名だたるものは幾つかあるが、その一に昆陽池がある。今は公園に成つてゐるが、上空から見たこの公園は、池の中央に日本列島を象つた島がある事でも有名だが、冬には水鳥の飛来することでも知られてゐる。その昔、行基僧が灌漑用の溜池を造たのが今の昆陽池と言はれてゐる。当事の面影を留める物は、老松が少し残る松並木である。周囲一里約三・九キロあつたが、今は外周が埋められ現在は二・五キロと姿を変へた。

行基僧は天智七年（六六八）出水大鳥郡蜂田里生れ、天武十一年（六八二）行基僧は十七歳で出家して僧侶の身となつた。学問に精進するだけでなく民間への布教・伝道・社会事業などへの熱情が修業寺の薬師寺を離れ、行基僧は行く所難儀を救つたり農民に対し大きな助けを施した僧侶であつた。天平三年頃と行基年譜に記されてゐる。六十四歳の高齢であつた行基が築造した昆陽上池が現在残つてゐる昆陽池である。幾つかあつたと言はれてゐるが今は不明である。伊丹の発展に尽された名だたる高僧である。伊丹にはその昔大きな寺院が建てられてゐた。奈良飛鳥に法隆寺、摂津国には今の伊丹廃寺があつたと伝へられてゐる。法隆寺と同じ姿と言はれてゐるが……。東に金堂、西に五重塔・廻廊が有り、南に中門が開き北方に講堂・僧房などが有り、偉容を誇つてゐた。七世紀後半から八世紀に亘り僧侶の修業の寺で、今は伊丹廃寺と呼んでゐる。

俳人を生んだ地としても知られてゐる。鬼貫とは上島与惣兵衛（一六六一～一七三八）、「有明の岡いな野・細江のほとり、伊丹といふ所の胞衣をときぬ」と書いてゐる。

伊丹に縁のある先人達

井原西鶴（一六四二～九三）が伊丹の地を訪れたのは、京の俳人・池田宗旦（一六九四没）が移り住んで、也雲軒と言ふ俳諧学校を作つた時で井原西鶴もその一人として参加してゐる。時を同じくして松尾芭蕉（一六九五年大坂に於て没）、芭蕉は鬼貫とは親交はなかつたと言はれてゐる。俳聖と称された芭蕉は一六八九年（元禄元年）に「笈の小文」で須磨・明石方面へ旅をするが、大坂から尼崎まで来て船に乗り神戸に上陸して明石方面へ行き又神戸に戻る。京へ上る途中御影の万葉集にも記されてゐる乙女塚に立寄り、その後箕面・高槻を経て京へ着くがこの街道は、所謂西国街道を芭蕉は従者、万菊丸を連れて伊丹の地一里の道程を通つてゐる。芭蕉は余り酒を嗜《たしな》むことはなかつたと言はれてゐる。芭蕉がもし愛飲家であれば伊丹は酒処である。暫《しばら》く滞在したであらうと想ふ……。また元禄十四年赤穂浪士の大高子葉（源五）が萱野三平を訪れた地、今の箕面市の地名へ立寄り帰りに伊丹に滞在してゐる。

小西家に近松の手紙

近松門左衛門（享保九年・一七二四年没）は今更取立て書くこともないのであるが、近松は世界的に有名な劇作家である！ 彼は浄瑠璃の文句に伊丹といふ詞を取入れてゐる。近松と伊丹の関係だが、小西家から伊丹醸造の美酒を送つた事から親交があつたと伝へられてゐる。

伊丹の酒造り（一六〇〇年代は関ケ原の戦の年一説）

一六〇〇年代に入り、江戸下り酒の元祖、当時江戸では五、六十万人の人口を持つ巨大な消費都市として発展を遂げ、伊丹の酒造業者も大坂から江戸へ向け大量に積み送られてゐた。その品の一に下り酒が含まれてゐた。此は鴻池家に伝はる記録に記されてゐるが十七世紀頃、伊丹の酒も注目されるやうになり酒造りの盛りであつた。灘酒造・伊丹酒造・京都伏見の酒が有名である。緑の地伊丹に生れ育つた子供達に歴史・文化を教へ伝へて戴きたいものである。

高齢化社会に物申す

二十一世紀を迎へ益々高齢化社会がクローズアップされるであらう！　現代に我々無感心ではをれない身近な問題として理解しなければならない社会が来たのである。今や全国に百歳を迎へられた御年寄の方は一万人とも言はれ、明治・大正・昭和・平成と四世代を百年の歴史と共に生きて来られたのである。将に日本を語る事の出来る生字引であり、生証人とも言へる人々である。あの大正十二年の関東大震災を体験された方もをられるであらう！　又大半の人が先の太平洋戦争で夫や子息を亡くされたと思ふ……。又広島・長崎に原子爆弾が投下され、三十万人の人命が失はれ、今尚後遺症に苦しんでをられる高齢者の方も多いと聞く!!　将に今の世の地獄を見た人達であります。戦後半世紀が過ぎ高度成長を遂げ豊かさを得たことは読者の皆さん御承知の通りである。国が豊かに成ることは大変結構なことであるが、人は豊かに成ると心を病むものであり現代病の一である。福祉社会と言はれて久しいが、掛け声だけに成つてはゐないだらうか？　高齢者の福祉施設は六十パーセントにすぎず、未だ未だ不十分なのである。其処で家族の介護が必要とされるのが二十パーセント、また病院等医療機関で辛じて介護を受ける事の出来る施設が二十パーセントと言はれてゐる。然し介護を受けると言つても誰もが受けることは出来ないのである。御承知の通り高額な医療費が掛かることから、この条件を満たす者であるといつた今の制度である。

私は福祉の精神とは「思ひ遣り」であると考へる。国や自治体の福祉の窓口ではよく「血の通つた」行政をと言ふが?……。甚だ疑問である。政治家にして然り、国民の代弁者である政治家が遣る気が無いとするならば、敢て私が代弁しやうではないか!! 政治は腐敗し権力闘争に明暮れ、選挙の時だけは清き一票と、出来もしない公約を並べ立て尚且つ候補者は拝むやうにして票を貰ふのである。運良く当選すれば最早有権者の事など忘れ、我威張るに恥ぢずとばかり肩で風を切るのである。政治家が是では役人も右へ倣《なら》へである。構へて申すならば現代程人の心を問ふ時代はないのである。何故ならば親と子の絆が無いと言はれる現代、況《ま》してや他人となればこの先、何をか言はんやである……。

私は親の躾が教育の基本であるとするのが持論である。学問とは所謂、教育に於て人格が形成されなければならない!! 父母を尊び祖父母を慈しみ兄弟を愛する心を育む、此人生の営みの中で一番大事なことである。我々庶民は、大なり小なり人生に於て、苦労を背負ひ生きて来たのである。幾多の苦境を乗り越へて来られた御年寄に安らぎの余生を送り、生き甲斐を見出して戴きたいのである。長年にわたり社会の為に貢献して来られた高齢者の方達に国が報いる政策が今こそ問はれてゐるのである。それ故人となりの政治でありませう！　然るに国民の同意を得ずして政治が行はれ、尚税金の無駄遣ひに対し国民の怒は今や、極限に達した!!　高齢化社会・教育問題・国情に合た税金の遣ひ方を国民は望んでゐるのである。読者の皆さんにも是非ともお考へ戴きたいのである。

此処で記して置きたい事に退職後の年金受給に関する人達の声である。是は一例であるが、現在七十歳の年金受給を受けてゐる人が資格を得た六十歳十年前では百パーセントの支給額であるのに対し、現在六十歳で資格を得、全く同じ条件であれ支給額は凡《およ》そ二十パーセント減額された支給額になつてゐる。是に対し国はさらなる年金の見直しを国民に迫り、財源の確保が困難を理由に挙げてゐるが?……。これ等昭和四十年代に長寿国の仲間入り、日本も長寿国に成つたと言はれるやうに此の時から高齢化社会到来は予期出来たものを政策の不備を棚に上げ国民に共に痛分けをお願ひしたいと言つた閣僚を読者も御存知だらうか！

最近行政改革といふ言葉をよく耳にするが、改革を断行すれば国民の理解を得て、福祉・教育・山積の問題に光明を見ることが出来やう！　高齢者と言はれる人達の中には先にも述べた小林ハルさんのやうに百歳にして今尚現役といふ人は極く稀であり、八十歳、九十歳で今も現役を続けてゐる人を見れば、私など大きな励み、勇気を戴くのである。茲《ここ》に記す人《ひと》は安保《やすほ》ゆきのさん九十歳、此の方は現役の助産婦である。今も年間百人もの出産に立合ひ、赤ん坊を取上げる将に凄い立派な人であります。ゆきのさんは現在までに一万人の赤ん坊を取上げたと言はれてゐる。又安保さんは今でも、出産に立合ふ時は胸が震へると言はれてゐた。非常に印象的であつた。このやうな長年にわたり社会に貢献された方に対し国は高く評価すべきであらう!!　後進の指導にも「力」を入れてをられるとのこと、人間とは斯く有りたいものである。人生とはこのやうな素晴しい人達から教へを授かるものである。正に人生の達人でありませう！　不幸にして身体の不自由なお年寄、痴呆症と言はれる人は全国に百六十万人居ると言はれてゐるが、実際はもつと多いと思はれる。此の痴呆の症状は国民が知る所で敢へて記すこともないと思ふ！　寧《むし》ろ何故痴呆に成るか、どうすれば防げるか？　を考へて見たいと思ふ。当然昔も少なからず有るには有つたが、極く少数であつたと言はれてゐる！　何故なら昔は、老も若きも働く事により生活が成立つといつた時代で、俗に働かざる者食ふべからずと言はれたものである。戦後半世紀が過ぎ国民の生活環境も大きく様変りした現代、男女を問はず国の雇用制度は六十歳定年が定着したこともあり、六十歳を基に生活環境が変ることが原因の一と考へられてゐる。日本人は勤勉だと言はれるが、職を失ひ心の張を無くし老後の生活へと入つて行くのである。人間とは心惹かれる物があり、我が精神に問ふ物あらば痴呆語る事少くでありませう!! 高齢者の方も色々（サークル）活動により、新しい知識を吸収することで若返りを図り、生き甲斐を見出してをられるのであり、非常に結構な事である。私は高齢者や老人と言た言葉や表現は好きではない!! 寧《むし》ろ! 人生の先輩とお呼びしたいのである。何故ならば教へを受ける事が多く、人生の師と思つてゐるからである!! 「人」頭を垂れ故郷を想ふ、私などは時には故郷に帰り子供の頃よく遊んだ山河に立ち、昔の面影今は無く、遠い昔を偲び明日への新たな活力にするのである。御年寄の方も気の合ふ友と若かりし頃に想ひを馳せ、青春を語り、恋を語り大いに人生賛歌を唄つて戴きたいものである。

我々戦後生れの者も年を数へると、五十半ばに成り、父母は八十を数へるに至つた。孝行したい時には親は無し、忘れまいぞ!! 時間が許すならば家族で行楽地（レジャー）等にお連れ願ひたいものである。御年寄は特に自然に親しむことが大事と言はれてゐる。お父さん御理解を願ひたい! 父母を尊び祖父母を慈しむ教育精神が継承されてゐれば、少なくとも高齢化社会と言はれる現代に光明を見たであらう！　このやうな問題は、我々息子・娘の理解から始めねば成るまい。勿論国民の理解は言ふまでもない。人間は失つて悟る事が多々あるのである！　高い知識を身に付けた者、無学の者、さして差はない。何故なら愚かさ故にである。最も身近で誰もが体験する親の「死」これらは亡くして判る真実であり、親の心を知り偉大さを知り頭を垂れ哀絶・哀号しそれ故何物にも優るものなのであり、愛別離苦とは悟ることとである。

明治・大正・昭和と女性の一生は将に「哀史」であり、男の影を踏まずして結婚すれば主人に仕へ子育てに我が身を削り御国の為にと教へ、子息を前の大戦（太平洋戦争）で亡くされた方も多くをられることを忘れては成るまい!!　政治家と言はれる国の中軸を成す者は、決して忘れては成るまいと心得よ!!　戦後民主化が進み現代では男女同権と言はれ、共に国の発展の為国民は努力してゐるのであります。目覚しい文明・進歩を遂げて現代に到るが？……。日本の復興に手段を選ばず只突き進んで半世紀、豊かな生活を築いたが？……。その代償として日本民族とも言へる魂を失つて今日に到つてゐる。それは日本人が大事に守つて来た生活の文化、所謂隣人との心の触合ひ又、親と子の教育文化、日本人としての誇りを子に伝へる為の躾等多くを失つて、皮肉にも現代人に色んな問題を突付けてゐるのである。それは教育であり、親と子の絆であり、将に二十一世紀の大きな政治問題でありませう！

平成十二年（二〇〇〇）に介護保険法が施行されて一年、色んな是亦問題が噴出してゐるやうである。大事なことは患者の立場で考へることであり、決して国や介護（ビジネス）企業の利権主張ではないい!! 福祉精神を優先しての考へでなければ問題解決は図れない!! 益々進むであらう高齢化社会に近い将来、国民の理解を得る努力の上に福祉国家を築かねば成るまい。国民が血税の意味を知り税金の無駄を知れば、このやうな難問であらうと光明は見えるのである！ 現代人は自己管理が出来ないとよく言はれるが、医療過失（ミス）に於ける事故が後を断たないが、此れ等自己管理、仕事に厳しさがあれば防げる事故なのである。人命を預るといふ意味が理解できないとは?……。不注意では許されないのである!!

近年、子供の虐待による殺人事件も然りである。このやうな事件を犯す者は二十代から三十代に多いと言はれてゐるが、その親達の大半は、我々戦後生れの五十代である。この種の事件が起ると心が痛むのである。何故なら私達の父母からは人の道を説かれ、人に迷惑を掛けないやうに厳しく躾られた世代である。故に何故自分の息子・娘に人の道を説き親としての務を果せなかつたのか、同年代として至極残念でならぬ！　この問題を議論する時或者は、我々食糧難の苦しい時代に生れ苦労したので、我が子供には苦労をさせたくないと言ひ、自分の出来る限り物を買ひ与へたと言ふが？……。心情としては判るが……。諺に言ふ、可愛い子には旅をさせ!!　と昔から言はれてゐる通りである。衣食住の苦を知り、他人の心を知り、人間としての成長を願ひ送り出したものである。私は何時も言つてゐることであるが、人は豊かに成れば心貧しく、耐へる事忘れ、我が感情抑制出来ず、弱者・子供に向ふのであり「所謂」虐待である。人格軽視した戦後教育の悲劇が此の結果であらう!!　世に問題が有ることは言ふ迄もない！　父を想ひ、母を愛し、祖父母を慈しむ、教育文化を今一度考へ後世に受継ごうではないか!!　最後に俳句を添へたい！

我もまた
老いたる坂を
登る人

故郷の

父有る人の
祖父母かな

私等は元気で美しいお年寄を見ると嬉しく成りますが、後ろ姿の寂しいお年寄を見れば、心が痛むのは私だけでありませうか？

貧しい民に真実の祈りを見た！

エチオピアにラリベラの聖地がある。此の地で毎年クリスマスに、二十～三十万人の巡礼者が集ふミサが行はれるのである。此の人達は文明を持たない貧しい民である。彼らは人生の行を詫び、お許しをと只、ひたすら聖なる地で祈るのである。この地ラリベラを訪る人達は交通の手段を持たない民である。五百～千キロの険しい道程を幾つも渓谷を越へ、何ケ月も旅を続けこの地を目指す。巡礼者は皆素晴しい澄んだ目をしてゐる。その目は何をも見透す鋭い穢《けが》れのない目をしてゐるのだ!!　彼らは生きることの喜びに感謝して祈るのである。真実清い心を見た！　ラリベラの聖地で命絶える者は神の住む洞窟に葬られ神に成るのだ!! 文明人の祈りに偽りはないか？ 何故ならば、祈りの教へを守り、心の時代が来ないからである。口先の祈りでは真実の心は神へは伝へ叶ふことはない！ 宗教とは神・仏・キリスト教等人間を超越したものを信じることに因つて安心・幸福等を得やうとする成らば、文明人たちの所業即ち!! 動物を虐待し、人の命を奪ひ、自然を破壊する所謂、神への冒瀆を知れば……心の巡礼者達は怒るであらう！

インド聖なる川ガンジスへ一月二十四日、三千万人が集ふ。殆どヒンズー教徒である。ベナレスの町へ各地から、農民あり、労働者あり、ありとあらゆる人達が「大沐浴」。ガンジス川で身を浄め家族の幸せを祈るのである。大国インド（千キロ〜二千キロ）の旅を続けアラハバード合流地点聖なる川へ向ふのである。又百五十万人の人達はアラハバードに一ケ月間滞在して「大沐浴」に備へるのである。前以てテント村が設営されるのであるが、このやうな施設を利用するのは資力の有る者に限られることは言ふ迄もない。信仰とは全ての物を超越するのか？ ガンジス川の水は濁り塵汚物は漂ひ、然し巡礼者達はその水を飲み、水に潜り、身を浄めるのである。これが大沐浴なのだ。或農民の祈りの言葉、私は毎日の生活の中で罪を犯してゐる、聖なる川ガンジスで身を浄めお許しをと祈ると言ふ。又太陽の神に祈り農作物に恵みを……と願ふ。本質的に祈りとは邪念があつては成らないものであらう！　文明社会を彼らが見れば野蛮行為にしか見えないと言ふであらう。宗教に学び道を求める者もをるであらう。道徳心の向上に努める事も此大事なことでは有るが、現代教育課程で人格形成を望む事が出来ないと成れば、最早宗教家の導きを願ふものである。併し乍ら宗教の世界で人の道を教義し、信者に心を説く以外に現代社会に於ける若者の心の迷ひを救ふ事に意を向けて戴きたいものである。

特筆として、或中流家庭の事件であるが、家庭内暴力に悩む父親が高校生の息子を殺害した事件であるが、このやうな事件は日常茶飯事のやうに起つてゐるが、此に書く意味を知つて戴きたいのである。その理由は事件を起した親子はクリスチヤンで洗礼を受けた信者である。息子の暴力に両親は悩み幾度も教会を訪れ、牧師に相談したが？　救ふ事は出来なかつたのである。信者に説教や伝道をする職にある者として自責の念を持つて戴きたい!!　この話はラジオで放送されたものである。人間とは愚かなもので所詮、神には成れないのである。然るに人の道を説く者は、人の心を知らねばならぬ!!　其の意の判らぬ者は、人の道を説く事は許されないのである。今時そのやうな見せ掛けの者が多いやうに思ふのは私だけでありませうか？

贅沢《ぜいたく》な学び

福岡県の或定時制高校が七十七年の学舎の歴史を閉ぢた。人生に重荷を背負つて色んな生き様を見て取れる人達・世代は昭和一桁から昭和最後の年代に生れた若者迄、夫々の人生を生きてゐる勤労学生である。中でも五十四歳の女性の生き様を想ひ出すかのやうに話されたのである。それは長くて苦しい苦難の人生を語る時、女性の真の強さを見た。子供を育てる為、男の職場で共に働き頑張つて来たお蔭で、今日このやうな素晴しい学校で「学」ぶことが出来、これ以上の贅沢はありません。……と何憚る事なく言はれた言葉に、私は胸の熱きものを抑へる事が出来なかつた！　目出度く卒業され、また大学の入試にも合格されたとの事、敬服申上げる次第です。又学校で恋愛の末結ばれた若者カップルは、共に励まし合つて卒業を迎へた。又子供にも定時制高校で学ばせたいと言つた言葉が印象的であつた。此の定時制高校から巣立つた学生は過去三〇一三人を数へると言ふが？　このやうな伝統と歴史を誇る学舎が……何故に廃校に成るのか、一方的な行政の都合だけで、教育の城が落城の憂き目に遭ふとは非常に以て残念である。

老いも若きも共に学ぶ施設が一つ二つと消えて行く。理由として行政当局の決り文句は毎年生徒数が減少してゐる為、存続は著しく困難であると言訳に終始するのである。私も役所に身を置いた者として行政の無駄を省けば、血の通つた行政が出来るのである。今の世にあつて、人は家庭の事情なり、人生を語れない人、夫々悩みがある。若い時に学ぶことの出来なかつた人、少し回り道をした若者、もう一度学びたい人、その人達の教育の門を閉ざしては成るまい!! 兵庫県下で高級住宅街で知られる自治体で、今高校の廃校が討議されてゐる。無論、賛否両論である。大事なことは、教育の本質を掘下げて考へるべき問題であらう!! 要は教育を受ける立場でものを考へることである。

最近若者の学校離れが問題に成つてゐるが、理由を挙げるとすれば、学校の雰囲気に馴染めない、級友や教師との触合い（コミユニケーシヨン）が図れない！ 何と哀れなことか……我々大人の責任と知らねばなるまい!! 一方では「学」ぶことを贅沢と言ふ生徒も居る！ 教育者は此の声を如何聞くと言ふのか？ 今一度教育とは何か？ 我が胸に問ふて戴きたい!! 現代社会に於て今尚伊能忠敬の学びの精神を持つてゐる者も居ることを……。学ぶ事は人間一生の課せられた仕事である。私等人として「学」ぶ事が多々あるのであります。教育改正論が高まる昨今教師の資質が問はれてゐるとは、甚だ寂しい限りであります。

昨年中学校卒業就職者一万五千人と言はれてゐる、是は全体の一パーセントに過ぎない。平成の「金」の卵と言はれてゐる若者達である。主に外食産業、所謂調理師を目指し、勤める。中には挫折して職場を去る者もあると聞く。若くして技能を身に付けることは、就職難の現代であれ、有利であると言ふ理由なのであらう。高度成長を遂げ豊かに成つた日本ではあるが、未だ生活苦で進学の出来ない子供達がをる現実を見れば、教育基本法とは何か？　疑問を感じざるを得ないのである。教育とは国を担ふ人材育成でなければならん、此が教育の基本精神であらう！　然るに何よりも優先すべき問題である。今や青少年の凶悪犯罪が多発してゐる現状を見れば、十五、六と言ふ年頃は良い環境で育つてゐても、友達の影響で犯罪を犯す例は幾らでもある。このやうな血気盛りの年頃は、心身が非常に不安定で、不幸にして犯罪など犯すことあらば、進学をする際内申書に書く。所謂生徒の評価を事詳細に記載して受験する志望校へ通知するのである。此では目指す志望校へも行けず、生徒達は遣る気を無くし非行に走るといつた悪循環の繰返し、此では人材育成処ろではない。要は教育を受けるのは子供達である。もう少し寛大な心を持つて戴きたいのである。一度や二度の過ちで、人生に影を落すやうなことはあつては成らない。このやうな事情で進学を諦《あきら》めた生徒も多いと思ふが?……。この問題を議論すれば少なからず、我々大人の責任と自覚せねば成るまい!! 子供は国の宝と言はれ! 老いたる知恵は財産である! 国を担ふ者は、国を造る人材である。

時代の英雄

幕末・維新期の政治家西郷隆盛(一八二七~七七)は鹿児島県人の誇る英雄である。四国では高知県の生んだ坂本竜馬(一八三五~六七)、幕末期の志士である。板垣退助(一八三七~一九一九)は明治時代の政治家で高知の偉人である。皆、国を思ひ激動の幕末の世に命を懸け働いた、夫々郷土の偉人達である。我々も偉人伝の話を親から教はり、書物で知識を得て、我もまた「志」後れまいぞ!! と夢を持った者であるが……。私の郷土、兵庫も幾多の偉人を輩出した県である。

石田梅岩(一六八五~一七四四)石門心学の祖、人間の本性を直接に眼と耳をもつて捉へ、その尊厳性を究明することによつて、人の道を見出した人である。(著)「都鄙《とひ》問答」「斉家論」など、「石田梅厳全集」全二巻。

上野理一（一八四八〜一九二〇）明治・大正期の新聞経営者、後の東京・大阪両朝日新聞の基礎を築く。

岩野泡鳴（一八七三〜一九二〇）明治の小説家・評論家・詩人。作品多数。自然主義文学の作家として知られた独自な存在である。（著）「泡鳴全集」十八巻外。

石原修（一八八五〜一九四七）我が国の労働衛生・産業医学の先駆者である。

植田清次（一九〇二〜六三）哲学者、日本哲学界にあって、英米の経験論およびプラグマティズムの紹介者として活躍した。（著）「経験的世界」（一九四二）外。

小磯良平（一九〇三〜八八）昭和期の洋画家。昭和（三〜五年）フランスに留学。同志と新制作家派協会を創立。一九八三年文化勲章受章。

原健三郎（一九〇七〜）明治四十年生れの九十四歳の現役の政治家である。昭和二十一年以来衆院議員となる。労相・国土庁長官・北海道開発庁長官。八六〜八九年衆院議長。

斎藤隆夫（一八七〇〜一九四九）大正・昭和期の政治家。「比較国会論」「帝国憲法」などの著書がある。

石原慎太郎（一九三二〜）現東京都知事、神戸市生れ。作品には「処刑の部屋」「行為と死」「化石の森」その他多数。石原裕次郎は実弟である。

小磯良平氏と同年代で活躍した画家で、井上長三郎（一九〇六〜）昭和期の洋画家。パロデイーをまじへた政治諷刺や反戦的テーマを描いてゐる。

植村直己（一九四一〜八四?）登山家・冒険家。昭和四十年ヒマラヤのゴジユンバカンに初登頂、以後モンブラン、キリマンジヤロ、アコンカグア、エベレスト、マッキンリーと五大陸の最高峰すべて征服また、二度の北極海単独犬ゾリ旅行などを行ふ。（一九八四年）北米マッキンリー冬期単独登攀の下山途中に消息を断つ……。国民栄誉賞を贈られた。（著）「青春を山に賭けて極北に駆ける」

高田屋嘉兵衛（一七六九〜一八二七）江戸後期の海運業者。淡路国津名郡志本村、貧家に育つたが兵庫に出て回漕業に携はつて家運を起した。主に蝦夷交易を中心に活躍、北国諸港から松前に達する航路に従ひ、また新航路の開発に努力した。幕府から蝦夷地御用船の建造と回漕を命ぜられ瑞穂丸以下五隻の大船を建造。（文化三年）幕命により蝦夷地産物捌方と成つた。ロシア語を学び、ロシア人の不法な掠奪を非難したが、嘉兵衛はロシア国に友好的であつた。両国融和に努力。幕府は高田屋嘉兵衛に蝦夷御用船頭に任じた。（著）岡久請城「高田屋嘉兵衛」（一九四三）、原嘉覚「高田屋嘉兵衛と北方領土」がある。此程の仕事を成した者でも一代限り、高田屋嘉兵衛の継承者はなく悲運の偉人と言へるだらう。

他県に於ても多数偉人のある事此れ有り、お叱り受ける故、書き添へて置きたい。

今一度、特筆して置きたい人物に冒険家の植村直己を挙げたい！　彼は昭和五十六、七年？　であらうか、記憶が定かではないが、今を去ること二十年程前のことである。植村氏が大相撲観戦にＮＨＫ放送のゲストでお見えに成つた時の話である。解説者の先代若乃花、当時は二子山親方（本名・花田勝治）さんとの話の中で、二子山親方は相撲取は根性です。自分の心に鞭《むち》打つ事の出来る力士が出世するのです。植村さんならお判りと思ひますが如何ですか？　と親方が尋ねられた問ひに、植村氏は少し間を置き、相撲の世界でも最高峰を目指す者は、其の苦しさ厳しさを知らねばなりません……と言はれたことに、強い感動を受けたことを覚えてゐる。植村氏はまた零下四十度と言ふ極寒の地で、心に迷ひがあつては成らない、ひたすら成し遂げる強い意志だけであると言はれた！　其れは死の恐怖をも超越した者だけが成し得る偉業である。此の話を聞かれた二子山親方は深い感銘を受けられたのであらう……。あれ程の名横綱と言はれた人でも相撲観戦を終へ席を立つ植村氏に親方は、今日は良い話を聞かせて戴き、こんな嬉しい日はない、有難うございました、と言はれた言葉に、我が土俵人生に悔い無し!!　感じ入つたと見て取れたのである。

私は先代若乃花の大の贔屓《ひいき》で、あの闘志溢《あふ》れる取口、研ぎ澄まされた技の数々、栃錦との名勝負は相撲史に残る大一番を幾度と見て来た世代である。現代人は感動しなく成つたと言はれるが？　夢を与へる者が居なく成つたのか？　植村直己が故郷に帰り母校で子供達に語つた言葉に、いつまでも子供の気持を忘れないで、如何にも冒険家らしい言葉である。彼は一九八四年北米マッキンリー冬期単独登攀の下山途中に消息を断ち未だ帰らず……。凡人が成し得る事の出来ない偉業は、個人の好みも感情として入るものであるが、老若男女を問はずこのやうな偉業を成し遂げる人は万人に共感を与へるものである。人間の精神と肉体の極限に挑む、このやうな人は限られた人達であるが、若者に勇気を与へ、多くの人に感動を与へるものである。教育に此の精神を教へ長く伝へ学ばなければならない。己を正すこと、即ち道徳を尊ぶことであり、現代で言ふ（マナー）の育成である。世に以て、何一とて教育に欠くものとて無いのである。現代は最早高い知識を身に付ける必要が無くなつたと言はれてゐる。寧《むし》ろ人間に目覚める時代でなければならぬ!!

戦後スポーツ界に英雄を見た！

復興に動き始めた昭和二十八年頃だつたらうか?……。街頭テレビが放映された年でもあつたやうにも思ふ。相撲の世界、所謂、角界の風雲児として知られる力道山、彼は当時関脇で花形力士であつたが、突然相撲界を去りプロレスラーに成つたのである。敗戦国日本、人夫々心に傷を負ひ沈んだ世相に生れ育つた昭和二十年代、生活は苦しく将来に夢とて持てる時代ではなかつた。そのやうな中で、三十年代に入り突如として現れたのが、プロレスラーとして変身した力道山であつた。並み居る外人レスラーを前に、中でもアメリカ人レスラーを空手チョップで打ちのめす勇者に国民は沸き、憎き敵国アメリカを負かすことで、苦しい世相を一時でも忘れるかのやうに一喜一憂したものである。

相撲界ではスーパースターであつた、六十九連勝の記録を持つ大横綱双葉山が去り、栃・若時代の到来で両者の取組は手に汗握る、将に名勝負の数々、相撲史に残るものと記して置きたい!! 栃錦は多彩な技を持ち、先輩横綱としてライバル若乃花を倒す事で相撲が強く成り、対する若乃花も横綱栃錦を倒す事で横綱に成つた力士である。一度土俵に足が掛かれば根が生えたやうに押せど動かずと言つた、強靭《きやうじん》な足腰であつた。両者共小兵で、当時としては決して大きくはなく、寧ろ小柄な力士であつた。この両横綱も国民に夢と勇気を与へた英雄でありませう!

そしてプロ野球界にもスーパースターが誕生した。昭和三十二年に長嶋茂雄が巨人軍に入団したのである。続いて翌年全国選抜高校野球大会優勝校早稲田実業から、王貞治が巨人に入団し、所謂ON時代の到来であつた！　巨人軍の黄金時代ONを抜きには語る事が出来ないのは言ふまでもない。プロ野球を語るとき、金田正一投手、前人未到の四百勝の大記録を達成した偉大な大投手、ONに勝るとも劣らない日本プロ野球のスターであります。また阪神タイガースの名投手、村山実は巨人軍の長嶋選手を生涯のライバルとして、是亦数々の真向勝負を挑んだスターであり、阪神フアンの誇りでありませう！　若虎江夏豊、昭和四十六年オールスター夢の球宴で九連続三振奪取の記録は三十年の時を経て今尚、破れる事なく残つてゐるのである。江夏投手の投げる剛速球はONをも三振に仕留める快刀乱麻、阪神フアンならずとも、胸の透く思ひをしたものである。パリーグにもスター選手は多く、茲《ここ》に記す程にお許し願ひたい！　常に巨人軍の長嶋選手と比較された南海ホークス野村克也捕手、三冠王にも輝き、ホームラン王にも何度も輝いたスターであり、プロ野球フアンの英雄である。是亦決してONに勝るとも劣らない球史に残る名選手である。昭和五十五年、三百本安打を達成した張本勲選手、安打製造機と言はれた打撃の天才は翌年五十六年惜しまれて現役を引退した。その後、落合博満選手、掛布雅之選手、江川卓投手等、多数スター選手を生んで来たプロ野球界。今や海の向う大リーガーで日本選手が活躍してゐる勇姿を見ると嬉しい限りである。近鉄バッファロー平成七年野茂英雄投手、米大リーグへ！　日本人初新人王、後に続けとばかり吉井理人投手、長谷川滋利投手、伊良部秀輝投手、横浜から佐々木主浩投手、野手ではオリックスのイチロー（鈴木イチロー）外野手、阪神タイガースの新庄剛志外野手が夫々活躍してをり、応援するものである。中でも野茂投手は六年間で二度、ノーヒット・ノーランを達成したのである。日本プロ野球界でもこのやうな記録は至難の技とされてゐる!!　況《ま》してや大リーグでの達成となれば最早！　言葉に表し難く胸震へる感動。我、日本男児の心意気を示した偉業に無上の慶びを感じる者で有る。将に名の通り英雄である。大リーガーに後れをとること半世紀、日本プロ野球界は切磋琢磨して今日大リーグで活躍出来る選手を輩出するに到つたことは、プロ野球ファン成らずとも国民の慶びでありませう！

オリンピック選手に於ても、ローマ大会一九六〇年（昭和三十五年）では「金」メダル四個、銀十個、銅五個であつた。併し、東京オリンピック大会一九六四年（昭和三十九年）では、男子体操・女子バレー・重力挙げ・レスリング・柔道・ボクシング夫々の選手の活躍で十六個の「金」メダルを獲得した。「銀」五、「銅」メダル八個といふ成績であつた。メキシコ大会一九六八年（昭和四十三年）では「金」メダル十一個、「銀」メダル七個、「銅」メダル七個であつた。東京・メキシコ大会を境に、日本体操界、女子バレー等、日本スポーツ界は低迷の一途を辿《たど》り今日に至つてゐるが、二〇〇〇年、二十世紀最後の年シドニー・オリンピックで高橋尚子選手が日本マラソン界の悲願であつた「金」メダルを齎《もたら》した快挙は、多くの国民に感動を与へたのである。一九三六年ベルリン・オリンピック大会以来、日本選手が陸上競技で優勝したのは六十四年ぶりである。現代人が政治に失望し、人を導く者に夢を託す事が出来ないと為るならば……。スポーツ選手に夢と勇気を求め、人の心に帰る者を誰が非難できやうか！　青少年の心の育成に、スポーツ界の御尽力を賜る事切に願ふものである。

唄は世に連れ、世は唄に連れ！

唄とは人間の喜怒哀楽を唄つた正に心の叫びである！　太古から永遠と唄ひ継がれて来た時の姿、人の姿でありませう!!

美空ひばり　昭和十二年～平成一年（一九三七～八九年）

戦後の代表的歌手。本名・加藤和枝。十二歳で横浜国際劇場に少女歌手としてデビュー。

当時の出来事（エピソード）として七～八歳の頃（一九四八）昭和二十三年、NHKのど自慢大会に応募したが、歌が旨すぎて子供らしさがないとして、落された話は歌謡界では有名な話である。現れては消えて行く歌謡界にあつて、世を去つて今尚一線で活躍してゐる天才歌手である。私個人としては余り好きではなかつたが、人は死んで名を残すと言はれるが……。美空ひばりを超す歌手が未だ出ぬ事に偉大さを知る！ 私は今は亡き三橋美智也、春日八郎と言つた歌手が好きであつた。早や五十路を過ぎ、半世紀に亘り色んな歌を聞き、多くの歌手を見る中で、美空ひばりを抜きには語れないのである！ 何故ならば、彼女は心を唄ふ事の出来る数少ない歌手だからである。人の心を癒すことの出来る、将に日本の歌姫でありませう！ 唄上手と言はれる歌手は多々あれど！ 心を唄へる歌手が少ないと思ふが？……。古賀政男（故人）氏が美空ひばりにレッスンの際、彼女に歌詞をよく読んで下さいとだけ言はれたと聞くが？ 吹込み（レコーディング）は一度で終る、OKであると言ふ！ 恩師古賀政男氏は素晴しい歌手であると絶賛されてゐた。一九六〇年、レコード大賞歌唱賞受賞、その後、古賀政男作曲の「柔」がレコード大賞受賞。代表曲に悲しき口笛・りんご追分・越後獅子の唄・悲しい酒など多数ヒット曲を出す。一九八九年（平成一年）、歌姫・美空ひばりは世を去つた。享年五十二と言ふ若さで……後国民栄誉賞、人々の心に歌を残して……。奇しくも銀幕の大スター石原裕次郎も享年五十二で世を去つた、共に惜しまれる死である。是亦国民に愛された偉人であります。このやうな人達を偲ぶ時、親愛の意を知り成長を学ぶのであり、永く栄誉を賛へるものである。芸能界の二代スターが、歌に演技にと益々円熟味を究めたであらう！　スターの死はファンならずとも惜しまれる。

人間と動物の共存！

イギリスの首都ロンドン、或住宅街で何時とはなしに今や一万匹の「狐」が住宅の庭や公園を棲処《すみか》にして、住み着いてゐるといふ。此等、自然破壊で棲処を追はれ、生き延びる為の「狐」の知恵であらう！　何んと哀れなことか……！「狐」に纏《まつ》はる騒動も多いと聞く……。此れなど人間との共存に戸惑ひや一方的な人間の生活ルールを押付けてみても「狐」には判らう筈もなく、社会が理解する以外共存の道はなく「狐」のオアシスを壊し人間もまた自然破壊の大罪を犯すことを悟つたからである。動物好きの人、嫌ひな人も共に模索してゐるのだ!!「仔狐」は人の手から餌を貰《もら》ひ住宅に住み着いてゐる。「狐」に名を付けて可愛がつてゐる動物好きな人達もをるとのこと！　さういふ意味では動物愛護精神の進んだ国と言へるだらう！

我が国日本では如何に！　住宅地に「狐」が住み着かうものなら苦情が殺到し、即、駆除と言つた手荒な解決策を選択するであらうと思はれる……。動植物は危険信号を出す生物であり、常に人間に警鐘を鳴らしてゐるのである。先にも述べたやうに自然から恩恵を受ける人間、今や人間から自然へ恵みを与へねばならぬ!!　将に人間と動植物の共存共栄の世紀の始まりなのである。此の意義を時代を担ふ子供達に教へ導かねばならない!!　豊かさを求める時代は最早や終つたのだ!!　人間と自然が、如何許り調和するか？……。学ぶ時代二十一世紀の教育であらう！　人格を成す事は！　自然を知る事である……と先人達は説く！

日本人孤児の終らない戦争!!

御存知、中国残留日本人孤児の話である。余りにも残酷な親と子の切裂かれた絆！　戦争に因る犠牲者である。色んな人が、色んな所で、色んな人々に語つて来た悲しい真実である。今や、半世紀五十五年が過ぎ過去のやうに思われるが決してさうではない!! 昭和十五、六年生れの、日本人孤児の人達、或人は五歳であり四歳であり、また三・二・一歳であつたらう! 幼子・母の命である子供を他国に置き去りにして祖国へ逃げ帰らねばならなかつた、痛ましい運命を如何に述べればよいのか、私には最早用ひる言葉は無いので有ります。有るとすれば其は涙を流す行為しかないのである。戦争を主題にした作家は多々をられるが、読者が共感するやうな素晴しい文章は私に書けないが、中国残留日本人孤児の心の叫びや、一生心の傷を負ふた父母の心を記し置く為にペンを取つたので有ります。

一九四四~四五年（昭和二十年）、日本人が戦争で受けた悲劇である。戦争とは両国にとつて悲劇を齎《もたら》すものであり、最も愚かな人間の行為である。多くの日本人が中国大陸（当時は満州と呼ぶ）へと渡る。時の日本の権力者が中国大陸を侵略したのである。併し、ロシア軍に追はれ逃げ惑ふ日本人犠牲者は数万人と言はれ、幼児を連れ、逃げる家族の人達は皆の命を守る為に、我が子を犠牲にしたと聞く! 其は、森へ逃げ洞窟へ逃げ、其の度に子供を犠牲にしたと言ふ……。理由はロシア軍に追はれる恐怖心から、幼児が泣き叫ぶと敵兵に捕へられ全員が射殺されるとの事で我が子を殺すのである。何といふ地獄であらうか……。母子で自害した者もをると聞く。哀れなことか……。又川を渡り逃げる時は、幼児を背負ひ川を渡るが水深があり、溺れて母子共に水死する人達もゐたと言ふ……。最早や逃げ切れないと知るや、子供を川に流したと言ふ。敵兵に無残に殺されるのであれば……自分の此の手で葬るとの親心であらうか……。宛《さなが》ら地獄を見て辛うじて祖国に辿り着き、当時の様子を語る人、何と悲しい瞳か？　昨日のやうに去来するのか、目には涙を溜め語るのである。聞く者の涙を誘ふので有ります。幾度か語られ記されて来た事であるが！

一九四五年、昭和二十年の終戦から三十六年の時を経て、漸《やうや》く残留日本人孤児と肉親の対面調査が行はれたのである。余りにも長い時間を経ての調査であり、父母は今や高齢の為亡くなた人も多く、名乗り出る人も年々少くなり、又家庭の事情もあり、名乗り出る事の出来ない人もゐると聞く！　御承知の通り日本と中国は当時国交が無く、三十六年といふ長い時間を必要としたと政府は言ふが？……。運良く肉親と対面出来、日本に帰還しても言葉の障害・生活習慣の違ひ等、堪へ難いとの理由で中国に帰つて行く人もゐる！　半世紀を経て今や、修復は困難と思はれるが？　日本人孤児の人達も早六十歳の還暦を迎へる人々も多い!!　中国に四、五歳で置去りにされ、苦悩の人生であつた事は容易に察しはつくが、日本政府も日本人孤児の方々の苦労に、何等かの方法で報いる必要がある!!　現代社会は平和に酔ひ痴れる日本人、否、豊かな生活を送り私利私欲に溺れる者はこのやうな悲惨な歴史を知り、身を正さねばならない！　今戦後教育の不備が齎《もたら》した社会問題は、読者も御承知の通りである。子供・若者・大人夫々平和の意味を知らねば、社会の改善は図れないのだ!!　日本の母なる国は中国なのである！　古代文化伝来は中国である。其の母なる国に弓を引き、刀を向けたのでありまず。千年の歴史を持つ武士道の教へも元はと言へば中国である。言はずと知れた文字伝来も然りであり！　私も戦後教育を受けた最初の世代であるが、学校に於ける中国の知識は余り詳しく学んだ記憶が無い、寧ろ私自身が書物で得た知識であるやうに思ふ。随分古い話ではあるが?……。

日本の国も今や国際社会の重要なる役割を果すまでに成長遂げた国である。それ故優れた人格者を世に輩出し国際社会の期待に応へねば成るまい。日本民族とは古来人格形成の中に品格を求めた。それは、武士道精神に見て取れるのである。例へば、行に身を正し、過ち是有る時、我死の責を負ふ、武士道とは死ぬ事と覚えたり!!　人格を尊ぶ教育理念を重んじてきたのである!!　今の政治家に少しでもこのやうな精神があれば、国民の心に光明を見たであらう?……。現代教育は全くと言って人格形成重視の教育は行はれてゐないのである。人間の犯した過ちは、人間が正しく導かねばならない!!　人間の心を重視した教育を切に願ふものである。

母上の教へ！

名を成す母、家を守り子供を守り育て、一生働いて終るのが母である。私の知人の母上は八十三歳に成られるが、息子が田舎に帰ると、今でも彼是《あれこれ》世話をやくさうであるが、私など羨《うらや》ましい限りだ！　知人の言ふには、母は……背中が曲つて来たな……、髪もこんなに白くなつてと、優しく……撫《な》でるさうである？……。息子は五十五歳を数へるのであるが、母を語る時多くを語る必要はなく、此を語れば十分でありませう！　母は全て偉大である。子は愚者であり、私など今以て漸《やうや》く母の心を五十路で判るとは馬鹿な男で有る。

私の母は大正五年の生れである。祖父は常々私は武家の出だ、と母に言つてゐたやうで、気骨のあつた人らしく、武家の教へを母に厳しく躾たとの事である。私もよく母から武家の心得を聞かされたものである。男児たる者、行に身を正し何事も信念を持て臨むなり！我に厳しく、人に慈愛あれ、譬《たと》へ如何なる物であらうとも正しい事は堂々と主張せよ!!男児度者、過ち此有る時潔《いさぎよ》く責任を取る！　人は我より優れ者と知り、それ故精進せよ!!　このやうに母は私に教へたのであるが……。又母の口癖は、正直の頭《かうべ》に神宿る、其に親の意見と茄子の花は千に一の無駄はない、茄子には無駄花がなく花が咲くと必ず実が成るやうに、親の意見には決して無駄がない事の譬へ！　他人は笑つてゐても言つては呉れぬ、親であれば言つて聞かす、是亦譬へである。私は子供の頃から身体が小さく、母は常に私に対し身体は小さくとも心は大きく成れるものです、其方《そなた》は心の大きな人間に成るやう努力しなさい、と教へたのであるが……。私の母は食事は必ず主人・子供の食事の後、質素な食事で済ますのである。自分が食べず子供に与へると言つた人で有りました。厳しく躾る人ではあつたが心根の優しい人で、物貰ひの人が玄関前に立つと施しを与へ、時には温い食事を出してゐた事を思ひ出すのである。色々と身の上話等も聞いてゐたやうである。

私が物心付いた頃、毎日のやうに夕方豆腐を売りに来る十七、八歳の一人の若い男がトーフー、トウフと掛け声とラッパを吹きながら売りに来るのである。民家の中から豆腐一丁と声を掛け、代金を払ひ品物を受取ると言つた売手と買手、何処にでもある遣取《やりとり》であるが、殆《ほとん》ど会話が無いのである。私は当時七、八歳で深い意味も判らず不自然に思つた事を覚えてゐる。後で母に聞くと、売りに来てゐた若い人は或同和地区の人であるといふことで、関りたくないと避けてゐたのである。

然し其の若い人は何時も明るく、唄の上手な人で、器用に手製の琴を自転車に積み、私の家の床几《しょうぎ》に腰を掛け大きな濁声《だみ》で「湯の町エレジー」や「お富さん」等の唄を私の母によく聞かせてゐた。おばちゃん、一曲唄をか……と上手に唄ひ、母が喜ぶともう一曲と言ふて唄ひ十五～二十分程遊んで帰るのが日課に成つてゐた。母に良く懐《なつ》いてゐたやうである。又其の若者のお父さんが私の畑の田植、畑仕事を手伝つてくれたやうで、母は御苦労様とお礼に酒・米・野菜を持たせて帰してゐた。その人は母のことを姫と呼んでゐた。私も荒牧の若と呼ばれ大変可愛がつて戴いた思ひ出がある。或日、私は母を駅まで迎へに行く途中で、悪餓鬼に取り囲まれてゐる処へ豆腐売りのお兄さんが通り掛り、〝若〟、如何したんや！　と声を掛てくれたので、悪餓鬼はワアーと言つて逃げて行き、助けてもらつたことがある。其以来、名前を呼ぶことに成り「健ちん」と親しくして戴いてゐる。私の兄は健ちんより一年上で昭和九年生れ、健ちんは十年生れで共に気の合ふ友達である。兄は健ちんにギターを教はり、歌を習ひ、二年余りで演歌師をするまでに上達したやうであり、二人でよく大阪府に池田市といふ所があり、其処へ流しに行つてゐたやうである。

此処で少し同和問題を記して置きたいと思ふ。この話は今から四十数年前の話である。当時は迫害・差別が酷《ひど》い時代であり、お年寄が病気を患ふても医者に診て貰ふことが出来ず亡くなる人も多かつたと聞く。生れて間もない子供が肺炎に罹《かか》り手後れで亡くなると言つた話を聞いたものである。此等貧しさ故、医者に診てもらへず子供を亡くすと言つた痛ましい悲劇であつた。このやうな悲しい歴史を決して忘れてはなるまい!! 父母を愛し祖父母を慈しみ心の優しい人が何と多いことか記して置きたい。私の父は早くから差別問題に取組み、決して目立つ人ではなかつたが、地域の人達と語り酒を酌交すことで心の絆を深めてゐた。或日のこと、男らしく質実剛健と言つた風貌、言つて見れば浪曲や映画などで演じられる無法松の一生の主人公の松五郎のやうな人が父に向つて、旦那、私のやうな者を呼んで戴き有りがたう御座居ますと深々と頭を下げて挨拶すると、父は何を言はれる、私の酒の相手に呼び出した。私が礼を言はねば成らん。よく来てくれた、まあ上へ上つて下されと、その後二人は楽しく酒を酌交し、夜の更けるのも忘れ共に意気投合したと思ふのだが?……。その人の名は「源さん」、その後も父とよく酒を飲んでゐた。私は子供の頃から父母を見て育つたので今も友人が多く、私なりに楽しい人生を送つてゐる一人であります。世は移り、人は変れど人の心は変らぬ、道なりで……あつてほしいものである。

私は小学校三年生から新聞配達を中学二年生迄五年間続けたが、其の理由は生活が苦しいとかいふことではなく、私の無作法の為である。それは早朝新聞が配達されて来た、未だ誰も読んでない一枚の新聞紙を犬の糞便を取去るのに使つて塵箱に捨てたのを母が見て、諭されたのが理由である。其は早朝午前三時に起き販売店へ行き、配達するのである。未だ人様が寝てをられる時間から、仕事をしてゐる人の事を思へば、其方人《そなた》の心が判らず恥かしいとは思はないのですかと！　強く叱責されたことからお前も、其の人達の苦労が判るまで向う三年間新聞配達をしなさいと言はれて始めたものである。後の二年は自分の小遣ひ稼ぎで働いたものである。その頃の習慣が今尚続いてゐる。朝は四時、目覚時計も必要無しに起き、犬の散歩が日課に成つてゐる。

私が新聞配達を止めてから僅か四年で母は世を去つた！　私の十八歳の時であつた。未だ母が恋しい年頃である……？　享年五十一歳の生涯であつた。何一親孝行も果せず風樹の嘆、唯々、悔いるばかりである。数日後、母の持物を整理してゐると、一通の郵便貯金通帳が出てきたのは私名義の貯金であつた。私が生れて初めて働いて戴いた給料から三年の間、毎月母は貯金してゐたのである。一円のお金にも手を附けず、合計三十万六千六百十二円であつた。其を見た時涙が止めどもなく流れ、母の心を知つたので有る。今以て母の恩に報いることなく愚者であり恥入るばかりである。

著名人がよく母を語ると言つた事があるが、先ず母親の悪口を言ふ人は無いやうである。寧ろ、厳しく教育された事等の話が多いやうに思ふ！　人は六十の還暦を迎へる歳に成つても、母親とは怖い存在なのである。仰げば尊し我が師の恩と説くが其よりも尚、母親の意見の方が説得力があるものだ!!　凶悪犯が警察に追はれ人質を取つて立て籠《こも》るといつた時等、必ず母親の説得がなされるが、此を見ればお判りと思ふ！　私等悪さをして叱られる時、其処《そこ》にお座りなさいと一喝!!　頭《かうべ》を垂れ母上の言はれる意見に神妙に聞入るといつた厳格なものであり、何一として反論する事など出来なかつたものである。其は、意見として言はれる事が身を以て正され実行されるので、私など反論の余地はないのである。厳しく叱るだけでは決してなく、涙を流す愛情を受ける事は随分《ずいぶん》多かつたのである。女は弱し、されど母は強しである。今は男は弱し、女は強しかもしれない？　現代社会に於ては今の制度が良いとされ、固定観念を持ち過ぎる嫌ひがあるやうに思ふが……？

教育等、問題は山積してゐる現代、幾ら良い教育論を説いて見ても、現代の考へが正しいと思ひ込めば聞く耳を持たないのが現代人の悪い癖であらう！　問題解決に意識改革が必要である。何時の世も、我々大人が親父がリーダーであり時代を担ふ若者を導かねば成るまい!!　古い考へだの、時代遅れ等と理屈を言ふてゐる場合では無いのである!!　我々親父の責任であると自覚せねばならん!!　何故ならばこのやうな時代にしたからである。私がこのやうな躾を受け教育されたことにつき、賛否両論、色々と考へも有ると思ふが私自身、親の教育が何一間違つてゐたとは、今以て思つてゐない!! 現代では、このやうな教育は理解出来ないと反論する御人もをられやうが、少くとも戦前の父母の躾は、人様に迷惑を掛けないやう教育することが基本であつたやうに思ふ。今はどうか?……。現代では、個性を伸す為に伸び伸び育てるとよく聞くが、このやうな考えも基本を躾に取入れて始めて才能を伸すと言つたことであらう! 人間の態度や行為は教養の精神が問はれるものである。

執筆活動を通して各地を訪れ人々に接し、人の心に触れて見たいと思つてゐる。最近テレビで人間ドキュメント四万十川の仙人が放映されたが、高知県西土佐村、口屋内に八十三歳の老漁師がお住ひとか、是非一度お会ひしたいと楽しみにしてゐる。春から晩秋まで四万十川で鮎などの漁が行はれる。冬は山へ入り、猪・鹿、猟で生活をされてゐる。高齢者であるが、村では今でも猟師として一番の腕前とか!! 五十キロ、六十キロと言つた猪を背負ひ急な山を下るといふ将に仙人である。丹精込めた畑、稲穂が猪に食ひ荒らされても、お互ひ山で生きる者同士と笑つてをられた! 八十二歳の奥さんがをられるが、足が少し御不自由のやうであるが? 御主人が庭先に手摺《すり》を付けてをられた! 二人仲良く暮してをられる何とも微笑ましく拝見した。仙人にこのやうな質問をしてゐた。何か遣りたいことはと聞くと、仙人は何もない、山と川と婆さんがあればよい！　と言はれた。その顔は穏やかで優しい目をしてをられた。良い話を聞かせて戴き、嬉しい、心洗はれる思ひであつた。人間の心の原点を此の仙人に見た!!　少なからず、人間が持つてゐた心……自然を愛し、人を愛し、動植物を愛するといった、本来人が持つてゐなければならない心を最早、都会では見る事が出来なくなつてしまつたのか!?　人恋しく、故郷へ帰るでは余りにも悲しいではないか?……。人間に纏《まつ》はる事全てに心の乏しさを感じるのである。男女の恋愛にしても性的欲望だけで好きに成ると言つた愛等は本当の愛と言へるだらうか?離婚の原因も此のやうな所にあるのではないか……病む現代に良薬は……。

戦後の教育基本法は人間に一体全体何を与へ、どう進歩を遂げたと言ふのか?……。目覚しい科学の発展を遂げたと、誇らしげに学者達は何憚《はばか》る事なく言ふが!?　其の代償として人間の心を頽廃《たいはい》させてしまつたではないか……。二十一世紀は、人間の頭脳は最早必要ないとまで言はれてゐる！　なのに、今又何を子供達に教育を行ふと言ふのか?……。人間の心を置き忘れ、今又何処へ行くと言ふのか！　心の故郷へ帰らうではないか!?　政治家よ！　貴殿らは国民をどう導くと言ふのだ!!　父を思ひ、母を思ひ、故郷の山河を思ひ、民の政治を行ひ、人を育てやうではないか！　自己顕示《けんじ》は捨てやうではないか！　権力闘争に於ける埋没は止めよ!! 心を説いた書物は過去多く書かれて来たが? 世の現状を見れば、余り役目を果してゐるやうには思へないのである。

今や精神修養と言つた言葉や意味は一部の世界のみ生きているに過ぎない! 其は宗教の世界と申しておかう!! 此の意味は戦前の教育、人間育成には欠かせないものであり、此を抜きにしては教育は語れないとまで言はれたものである。然るに、現代教育では死語に成りつつある、遺憾に思ふ一だ!! 豊かさが心を頽廃させるのであると諄《くど》く、言ふてゐるが……。忍耐力・包容力等が欠如するのである。少しでも意に反する事があれば、其処で今の若者はキレル、暴力沙汰に及ぶと言つた、幼児の頃に親が躾の中で耐へる事を教へなかつた証なのである。子供を育てる中で、食物さえ与へれば子は育つと言ひ放つ無責任な親は意外と多いやうである? 子供の教育に関しては、親は言訳をしてはいけない!! 夫婦共働きで子供の面倒が見られなかつたと言訳するが……人に迷惑を掛け、人を殺めると言つた一生取返しのつかない事に成るのである。親も教育に真剣に取組み、決して学校任せにしない!!

現代、若者に絶対多数の支持を得るスポーツ選手、自分自身に厳しさ・強さを備へた一種の憧れ、英雄視するのであらうか? 極平凡な生活を送る我々には、最早そのやうな厳しさを必要としないのか？　其の昔、我々生活の貧しさ故、耐へる心を養ひ又其のやうに強く逞《たくま》しく生きる努力をしなければ、生きて行けない時代でもあつた。私の言ふ生活が豊かになれば心貧しく、とは心が弱くと言ふ意味である。併し乍ら、大人達は耐へることは本当は出来るのであるが、社会が今や豊かに成り、其の必要がない時代に成つたことが、耐へる事の出来なくなつた理由の一でもある。ひ弱な児童が苛《いぢめ》を苦に自殺すると言つた痛ましい事件が後を絶たないが、此等、非常に悲しい事ではあるが、私に言はせれば親の強さ、毅然《きぜん》とした躾を子供にして戴きたかつたと敢《あへ》て申上げたい。御無礼の段平にお許しを！　返す返すも残念なのは、お父さん、お母さんにもつと強く成つて戴きたかつたことである。学問の内容知識は専門家に任すとしても、其の専門の教育者が生徒に心の「ケア」が出来ないやうでは是亦問題である。今の子供達は身体大きく、心小さくと育てられてゐる。将に、仏造つて魂入れず！　であらう……。教育に於ける処の正統派は一部では其のやうな考へを持つた者も居るが……。今の教育に正当性はあるか？　正しく道理に合つてゐるとは思へないのである。学問に於ける処の精神が生かされてゐないのであり、押付けや詰込み主義の教育でしかなく、このやうな教育を受けた子供達は、自分の能力範囲では処理・解決が出来るが、能力以上の問題に成れば、どのやうに対処すればよいのか迷ひ苦しみ、その場を去り色々と問題が起るのである。此等、心に柔軟性が無く一種のパニック状態に成るのだ!! 教育精神の人成りと教へ導けば、然程《さほど》悩む程の問題ではないので有ります。

人間の住む「星」地球は凡《あら》ゆる動植物の生命が宿る。地球に君臨《くんりん》し支配する人間、何を語るか、人間を語る以外何も語るものは無いのである。今国際的に問題として注目されてゐることに、先進国では心の病ケアを必要としてゐる人達が余りにも多いと言はれてゐる。世界的に見ても化学汚染が進み、人間の心のコントロールすら出来なくなつてゐるとも言はれてゐる? 過去、人間が行つてゐた仕事は全てと言つてよい程、機械化されてゐる現代社会で、人間の存在・価値観すら変はらうとしてゐる。心の触合ひが希薄に成つたと言はれるのも至極当然と言へるだらう!

地位が人を造るとよく言はれるが、此等は其の地位に就いた者の体裁の良い言訳でしかないのである! 天に恥ぢずと言つた人物も居ないではないが、居たとしても其は極く少数でしかなく、何故ならば人とは出世欲が強く、政治家等は特に其の傾向が強いやうに思はれる。例へば、一流大学を優秀な成績で出たとして自己管理が出来ず、職を追はれた者は数知れず! 世間では、大学まで出て一生を棒に振る等とよく言はれるが、此などは地位の重さに耐へ切れず、押潰されたよい例である。ひ弱な人間が幾ら一流大学を出たとしても然《さ》して貴重な人材とは成り得ないのだ!!　私自身余り政治家の事等、触れ度くないのであるが、敢て言ふならば、田中角栄と言ふ人物は学歴とは無縁であつた。併し、一国の宰相所謂、内閣総理大臣を務めた人物である。世は学歴社会にあつて其の気骨は、大衆の士気を高めたことは称賛に値するものでありませう!!　人の説得を得るには、矢張り其成りの人物でなければならぬ！　併し乍ら、現状は決してせうではなく、人物等どうでもよいと思はれる人材が何と多いことか！　警察官に見て取れるやうに、其は制服姿が（カッコ良い）といふ理由で警察官に成りました、何憚《はばか》ることなく言ふのである。このやうな考への者に、人の財産と生命を守ると言つた公僕精神があるとは思へない！　このやうな公僕精神の欠如から不祥事が後を絶たないのも然りである。是亦役職に就く者の責任であらう！　職も人成りであつて欲しいものである。

特に、我々国民が厳しい目を向けるとすれば、税金を納める役所の仕事の内容であらう!!　彼等職員は、大義名分として一応全体の奉仕者としての教育を受けるのであるが？其の奉仕精神も時間と共に忘れゆく者が多いのである。公務員と言はれる者の不祥事が日常茶飯事の如く起きてゐることに、国民は憤懣《ふんまん》遣る方無い思ひで国民の税金を報酬として受る者が認識不足とは言語道断である。このやうな役人に市民サービス等出来やう筈もなく！　必要以上に役職が多いのも問題であろう!!　何故ならば市民の血税である税金の無駄遣ひである。役所と言ふ所は決して能力主義で役職に就かせる職場ではないのである。唯、勤続年数で重要な役職に就かせる、こういつた人事が行はれてゐるのが自治体の実態である。民間企業では迚《とて》も常識では考へられないことである。当然役職に就けば管理職手当が支給されるのであり、税金の支出である。此等、将に税金の無駄遣ひである!!　無能な管理職に税金など支給する必要は無い。国民は役人を甘やかしては成らぬ!!　民間企業にあつて此の不況の時代存続を掛けて努力の日々を送つてゐるといふに！　役人は国民を愚弄するとは甚だ持つて無礼千万!!

教育者・先生と言はれるが、ひ弱な教師が多いのには困つたものである。子供を教へる事よりも、こういふ教師が心の教育を受けるべきであらう！　此等も、人格無視の教育の悲劇でありませう!!　此のやうな最も大事な教職に就せる為の合・否、所謂適任であるかの厳しい試験制度が必要である。詳しく記する事もないが、読者皆さんも御承知の通りと推察致し候ふ故、先を述べさせて戴くが……。適材適所の意味が全く生かされてゐないのが現代の世相と言へる！　適性を欠いた教師に教はる児童・生徒も悲劇であるが、教へる側も適性を欠けば辛い、苦しいものであり、心の迷ひから児童、世間に、批判を受ける事に成るのである。因つて教育界の威信が問はれるのだ!! 此も又戦後教育が齎《もたら》した欠陥の産物であらう! 戦後教育も、半世紀を経た今日、国民の理解を得て行はれて来たものであるが、矢張、古来から受継がれて来た教育文化を否定する余り、病む国に成つて久しいが、此の病を治すには又……長い歳月を要するのであらう!

戦後教育に於る、最大の欠陥は子供が父母を如何に見てゐるかの問題であらう! 現代社会の親子の絆たるや、親を尊敬すると答へた子供は、僅かに十パーセント……と聞く。何と嘆かはしい事か……。戦前の教育はと言ふと、父母を尊ぶ教育精神もあるが、全体の六十パーセントが親を尊敬すると伝へ聞く! 戦前・戦後の教育を議論する以前の問題である。戦後、民主主義政治に取つて代つたこともあり、アメリカの文化が全て良いとされ、日本の文化は捨て去られたのであるが、日本の魂までも変る必要等なく、今こそ、此の素晴しい日本文化を国民は再確認しなければなりません。そして国民の手で再生・立て直さねばならない!! 先づ以て子供の躾であらう!! 躾とは、親から身を正さねばならないことは言ふまでもない! 厳しい事を言ふやうであるが、母親から躾の勉強をしなければと思へる母親も結構多いのである。

或テレビ番組の中で、一人の女優が四、五歳の一人息子について自慢たらしく話してゐるのを聞いてゐたが、聞くに耐へない内容である。プロダクションの社長から母親（女優）に電話があり、仕事の打合せと言つてゐたが、其の電話に出たのが、息子であると言ふのだ。社長は最初幼児と話をしてあやしてゐたが、一刻も早くこの幼児の母親に仕事の内容を伝へる為、幼児に早く取次ぐやう頼んでも一向に母親に受話器を渡さうとしないと……実にくだらない話。公共電波を使つて此の女優は、私は子供の躾はしてをりませんと言つてゐるやうなものである？……。幼時から（マナー）道徳心を植ゑ付けるやう躾ねばなるまい!! 特に言葉の乱は品行の乱とも言ふ！ 正しい日本語を再教育する必要がある！ 政治問題として取組み、マスコミ界の理解も得て行ふ大きな政治問題である。最早猶予は成らぬ!! 一日も早く教育者の中から高教（りつぱな教へ）出来る指導者が現れん事を切に願ふものである。

私には三人の母が居た!?

一人は実母である。一人は乳母であり、一人は育ての母である。実母は病弱で私に乳を与へる事が出来ず、已む無く父の親友でもある石材店の主人の奥方に乳母をお願ひした。この方は昔にしては大柄な女性で、当時としては五尺五寸はあらうかと言ふ立派な体格で、今で言ふならば身長百六十五センチ、体重七十キロはある人で、既《すで》に子供は男子四人女子二人の子持で、長く母乳が出るとの事でお世話に成つたのである。既に亡く成られて、其の恩に報いる事は最早出来ないが、葬儀の際安らかにと手を合せ流した涙を今も忘れないでゐる。享年七十九、合掌。御子息とは今も親しくお付合ひをさせて戴いてゐる。

もう一人の母は、私が乳母から乳を貰つた後、育ての母宅へ預けられて、当時の流行《はや》り歌や昔話等、色々世の習、特に行儀作法を厳しく躾られたのを覚えてゐる。其は、実母が気位の高い人であつたので、先にも述べたやうに祖父の教へを継承する人であつた為か、其のやうに躾てほしいと依頼してゐたやうである。何故私が、実家で育てられず他人の家で育てられたかといふと、私の家は農家であり、僅かな田畑を母は耕し、戦地から帰つた父は植木職として外へ出る仕事なので、私は人様に預けられたさうである。育ての母は優しい人で、私が昭和四十八年、役所に勤めるやうに成つても、職場へ訪ねて来ては飲物や菓子等を持つて来てくれるのである。この方の御子息も役所にお勤めであり、私が役所へ勤めたと子息から聞かれて、訪ねて来られたとの事。当時私は二十六歳に成る青年であつたが、其の方から見れば、私は何時までも子供なのであらう。暫《しばら》くお顔を見ないので御子息にお尋《たづ》ねすると、身体を悪くして入院してゐるとの事で、お見舞に病院へ駆けつけると、既《すで》に意識は無く、唯窶《やつ》れた顔を見て病の快復を願ふとき、涙が止らなかつた、悲しい思ひの別れであつた……。享年八十四であった。合掌。心に残る想ひ出は、半世紀を経た今も昨日のやうにはつきりと記憶に蘇《よみがへ》るものであり、感慨無量、涙新たであります。

私の実母は幸せ薄い人で、祖父が健在であつた頃は母も栄華を極め、十二歳までは蝶よ花よと育てられ、爺やが付いて遊び、当時としては未だ珍しいバナナ一房を持たせ、近隣の子供達にバナナを与へ遊んで貰《もら》ふと言つた日常の生活であつたやうだ！　祖父は何時も土間に酒樽を置き、訪れる者に振舞はれたと聞く……。地元の人達には人望が厚い人であつたやうである。母の十二歳の昭和三年祖父は亡く成り、其の時を機に生活は一変するのである！　祖父の弟が無理やり母を分家させ、本家の実権を握るのである。母は一人娘であつたが、祖母と二人僅《わず》か三反程の畑の仕分けを受け、ひつそりと暮したと言ふ。祖父の代には山林・田畑・貸家等相当の財産があり、随分《ずいぶん》裕福であつたやうだ!!　母が未だ十二歳と若く、財産管理が無理と言つた理由で母の叔父が取上げたのである……。今では考へられない事であるが、当時の社会制度では女性の地位は無いに等しい時代であつた。一人娘の母は老いに入る祖母と二人で淋しい生活を余儀なくされ、母が十七歳で父を養子に迎へるのである……。其の後は、よく世間にある話である。母の叔父が亡く成り息子の代に変れば、先祖が築き上げた苦労等知らず、町へ出て商売を仕度いと言ては畑を売り、弟が事業をすると言つては又畑を売りと言つた具合……。先祖が知れば悲しみ嘆くであらう。此の仕打ちに矢張り一番悲しんだのは、言ふまでもなく母である。そして、時は流れ、私の生れた時には、既《すで》に我が一族の財産は三分の一に迄少なく成つてゐた！　母は昭和四十一年に亡くなる迄、御先祖様に申訳ないと口癖《ぐせ》のやうに言てゐたのである。其から三年、父も後を追ふやうに世を去つた。享年六十一、もの静かな人であつた！　父は早朝畑に行く途中、心筋梗塞で倒れ亡くなつたので遺言も無く、死去後、財産整理の為法務局で土地の登記謄本を取つたところ、何と驚いたことに母である名義の土地が全て母の叔父の名義で登記されてゐたのである！　昔は凡《およ》そな事をしたものである……。分家しても名義まで変へる事は無く、住ひだけすると言つたことが極く普通のやうに行はれてゐたのである。同じ町内で分家すれば住所が同じ場合、固定資産税は当然住んで居る母が払つてゐたが……。当時、農家では口約束で不動産売却が行はれ、其の儘放置され、その後息子・娘の代に変つた時、名義変更するにしても、血縁関係に有る者全ての実印の要るのは言ふ迄もない!! 私も極く最近迄、身内の土地売却に関する問題で苦労したのである。併し半世紀以上に亘り土地を所有してゐるので、所有権の事で揉める事は無かつたが……。恥かしく人様に聞かせる話ではないが……。

人は死す迄、学ぶ者である！ 私は両親を語るとき、人は与へられた人生に悔いを残しては成らないと言ふこと。人生至る所に青山有りと申す。人、夫々人生模様を描き、時には我を忘れ、道に迷ふ事もあらう！ 然し心は無くしては成らぬ!! 我を忘れる時、母を想ひ、兄弟を想ひ、愛しい子を想ひ、立返るのである。

私の母が好きであつた三波春夫さんが亡くなられたことをテレビのニュース速報で知つた。この原稿に向つてゐる時である……。後日、永六輔氏が『三波春夫を偲んで』と題した番組でのお話の中で、三波さんと永さんと二人で慰問に或老人ホームへ行かれた時のエピソードを次のやうに語つてをられた！

会場では三波春夫さんの登場を、今や遅しと待つお年寄の前に出られた三波さんに、一人の女性が、毎日此の老人ホームでお馴染みの歌を唄つてゐると言ふ！ その女性が三波春夫さんの前に来て大きな声で唄ひ出したさうである。すると三波さんも同じやうに其の女性と共に唄ひ出した処、会場が大合唱に成り大いに盛上り、温い心の触合ひがあり、感動されてゐたと、永さんは語つてをられた。又その時三波さんは、今日は皆さんに人生を教へられた、私は唄ふ事が出来ると驕る気持があつたが、こんな嬉しい日はない、有難う御座居ましたと三波春夫さんは言つてをられたと、永さんは語つてゐた。国民歌手と言はれ、多くのフアンを持ち、歌声は人の心を洗ひ、歌の心は人に帰す！　そんな歌手であつた！　偉大な国民歌手である。稔る程頭を垂れる稲穂哉！　三波春夫と言ふ歌手に此の言葉が有るやうに思ふ！　さよならだけが人生よ!!　余りにも淋しい言葉ではないか!?　惜しまれる人程早く世を去ると言はれるが……。このやうな偉人が世を去ると言ふ事は、哀惜の念を禁じ得ない。人の心に止め置きたいものである。

世のお父さん、お母さん、親とは何か？　子供とは何か？　考へて戴きたい!!　親の子育てが終る期間が余りにも早いのではないかと思ふのである。それは、小学生の高学年・五年生・六年生と成長すれば、最早子離れと言つて、子供を精神的に自立させやうとするが……到底無理な話である。このやうな父母は共働きに多いやうである？　家庭の事情も色々とあり大変とは思はれるが、子供の将来の問題でもあり、成長を見届ける義務があるのである。子供の身体の成熟は確かに早いが、精神面の成長は寧ろ未熟である。現代に於ける母親像の姿は少くとも、早く子離れして、自分自身の人生を楽しみたいと言はれる、お母さん方が結構多いやうに思ふ!! 併し乍ら精神面の成長に問題があると言はれてゐる今の社会に、学校だけに子供の成長を託すことは、親として無責任であると言はざるを得ない!! 何故ならば、戦前の教育は精神面が重視された教育であり、然《しか》るに人間と生れしは、国の為に尽す者成りと教へたものである。所謂此を現代人は然《さ》も軍国主義と批判し騒ぐが……必ずしもさうではなく、国の発展の為に尽す事が国民の義務と教へ、説いたのである。さういふ意味では、戦前の教育のはうが、教育精神が明解である。戦後の教育はと言ふと、身体の成長に教育の基本が置かれ、精神には重きを置かなかつた結果が今日、親と子の問題をより複雑にしてゐるのである!! 我々戦前・戦後の教育を知る者でさへ、少なくとも二十歳頃迄は親子の絆を深めるべきものと考へる! 先にも述べてゐるやうに、厳しく育てられた子供でも同じである。其程父母の存在は大きく、父母を抜きにしては教育は語れない!! 高校生等は、略《ほぼ》身体に依る成長の完成を見るが、精神面では未だ未完成なのである! 口では悪態をつき虚勢《きよせい》を張つてゐても其の実……親が恋しいものである。又子供から見て親を尊敬出来なく成つた時は子供は恐ろしく荒れるものである! 要注意!! さういふ意味では今も昔も親は教育に対し真剣に取組まなければならないものである。心せねば成るまい!!

今の子供達は習事が多いので自分の時間が無いと訴へる子供が多いとか……? 私は詰込み主義は如何なものかと思ふが、人間多くの知識を身に付けた処で然《さ》して社会に出れば役には立たないもの、此等人に依つて生きる武器にする者であればよいが、例へば、自分の能力に自信を持ち、積極的に行動できる人間であれば我の目指す目標に到達する事も可能ではあらう……!? 併しその逆の例もあり、寧ろ今から述べる事例の方が遙かに多い人生を送るのである。其は武器の使ひ方を知らない、無口で気が弱く、何時も人の後に居て目立たない者が一流大学を出たとしても、然《さ》して活躍出来る場所は無いのである。私の知人でやはり一流大学を出た人がをるが、此の人も無口で目立たない人である。併し頭の良い人で、知人は我が事のやうに出世の遅い事を嘆き、悔しがるのである！ 本人は然して気にもとめずマイペースである！ 私も少し歯痒《はがゆ》い気がするが、本人が其でよければと思つているが……。二流・三流大学でも積極的に行動が出来、世渡りの武器を上手に使ふ術を心得てゐる者は一流大学何する者ぞ!! ……と言つてゐるのである。又親の期待が大きすぎて重圧に耐へ切れず、押し潰されると言つた話をよく耳にするが? 此では逞《たくま》しい身体・強い精神力は養へない!! 其よりも社会に出た時の役に立つ知識を学び身に付ける事が大事と思ふが……。お父さん、お母さん、未だ一流大学を目指しますか!?

今特に問題に成つてゐる幼児の虐待、此等は子育て・幼児教育を放棄する意志の表れである。勿論、幼児教育を行ふ能力の欠如は言ふ迄でもない。精神的ケアを必要とされる父母は可成の数に上ると見られる！　今や子供の教育は親も共に受ける時代であると言つても決して過言ではないと思ふのである。この世に生を受け、僅か二歳や三歳で実母に殺害されるとは何と惨い事か!!　現代社会では人権が重んじられる時代である。此は大変結構な事ではあるが、権利を主張はするが、義務は果してゐるか？　義務を忘れると正しい行が出来ないと言はれてゐる……!?　昔から言はれてゐる事に、義務無き処に権利無しと言はれて来たが、今は如何やうに見ても義務を忘れてゐるやうに思へて成らん!!　道徳心の欠如も然《しか》り、人間行き着く処人格、所謂人間性以外何も無いのである。若者達が迷ひ、苦しみ、夢を持てないのは、憧れ・目標とする人物が居ないのである。スポーツ選手及びタレントに夢を追ふのは余りにも淋しく、この世を想ふ時、失望を覚えるので有る。

昭和四十年代を期に宗教心が薄れ、今や全体の二十パーセントの人が何らかの不信感を持ち？……。社会にか？　人にか、其は判らないが……信仰を捨てたと言はれてゐる？……。宗教を説き、人を導く指導者達はこの言葉を如何に聞くといふのか!!　政治不信だけではなく、人にも不信を持つ者が多く成つた証であらう！　教育とは、斯《か》く恐しいものであり、正しく導けば心豊かに、悪い行を教へれば、人の心は荒《すさ》み人を傷つけ、身を滅ぼすのである。指導者とは斯くも重大な責務を負つてゐる。努々《ゆめゆめ》忘れては成るまい!! 現代社会では全ての人が教育を受けることが出来る時代に成つて、一見指導者が多いやうに思はれるが、其の実真の指導者は少なく、社会に色々と問題が生ずるのも、かういふ不備が賫《もたら》す教育の欠陥である!! 指導者とは、己に厳しい事は言ふまでもないが……人を愛する事も此又難しいものであり、身を正さねば出来ないものであります。教へる者、学ぶ者共に一生教へを忘れては成らないのであり、この教育精神を幼児の頃から教へねば成らない!!

日本の国に生れ、民族としての誇りを持つやうな教育が望まれるのである。或種の不逞《ふてい》の族《やから》、軍国主義だと騒ぐ者もをるが、社会の現状を今こそ見通し、教育改革を行はなければ成らない!! 教育文化にも、昔の良き教へを取入れ、人間の為の教育でなければならないことは、言ふ迄もない!! 学問の精神が人成りと説くのであれば、今の教育精神は誤りと言はざるを得ない!! 指導者の中に強い精神を持ち得た者が居ないことは残念の窮《きは》みである! 指導者は、何時の時代にも居て、歴史上名を残し世は移るのであるが、何時の世も指導者と言はれる者は、命を掛けて本懐《ほんかい》を遂げる努力を惜しんではならぬ! 昔の男の生き方に武士道から学んだものである。男子志を立てれば、如何なる困難があらうとも、本懐遂げるを知る！　この決意を違へる事有らば我切腹して責を負ふと言つて責任を取つたものである！　此が男の美学であり、厳しさを男は持つてゐたのである。このやうな話をすれば、時代後れだ、古い等と批判されるが、本来男とはこのやうな気概《きがい》を持たなければならない！　政治家に、このやうな人材が居ない事は、甚だ寂しい限りである。今や男の美学を求める者は、スポーツ選手ださうである……特にプロ野球選手、而《しか》も海の向うへ行つた野茂選手、イチロー選手等、日本の侍と言はれてゐる!?　外国に侍が居て、日本には侍が居ないとは？　実に情ない話である。先にも述べたが、若者達は彼らに夢を託し男の美学を求めるのも無理からぬことであらう!!

私は古き日本の文化を大事にしたいと思つてゐる一人である。特に教育には関心を持つ者である。何故私が戦前の教育を見直せと言つてゐるかと言ふと、父母を尊ぶ精神・人格を重視した教育精神を説いたからである！　私等が受けた教育は、確かに戦後教育の走りであり、教へる教師が明治・大正の生れの人であり、日本民族とは何か?……、を学んで来られた先生方が多く、幾ら民主主義の時代に成つても、厳しいそれなりの教育であつた。私等は悪戯《いたづら》でよく先生から頭に拳骨を貰《もら》つたものである。親も心得たもので、家に帰り学校で先生に叱られた事を話しても、当時の親は寧ろ先生に叱られるお前が悪いと逆に叱られたものである！　私自身、父母が厳格な人で厳しく育てられたが、此の年に成る迄、一度として父母を恨む事等なく、又躾られた事に何一不満を持つた事もなく、今でも父・母を尊敬してゐる！　因《よ》つて我々が受けて来た教育を如何にしても否定が出来ない、いや寧ろ奨励《しょうれい》したい程である！　近隣の触合ひ、人情等温かい触合ひがあつたものである。その人情も、先にも述べた通り、人恋しく故郷へ帰るでは余りにも悲しいではないか？　彼《あれ》是《これ》、昔の良きものを心に帰したい……。

読者の皆さん何とお思ひでせうか？　人情、地に落ちたでは淋しい限りです。時代を諌《いさ》める事は出来ないが？……、人は初心に帰ることが出来るのであり、良きものを学び、人を想ひ、国を担ふ子供を育てやうではないか！　今一度我々大人が考へねばならないのである！

色々と私なりに記して参りましたが、何分無知・無力なる故、読者の皆さんには御批判もあらうかと思ひますが、お許し願ひたい！　此の本を執筆するに当り、一言お断りして置きたい。其は、私は決して宗教家でもなく、宗教なるものも説く知識とて無い者であります。唯、日本古来から受継れて来た、親と子の絆、親が子に何を教へ、子が親に何を為《な》すべきか？ 昨今、親子の絆が希薄に成つたと言はれてゐるが……。親が子を、子が親を殺害すると言つた痛ましい事件が後を断ちませぬ！ 此のやうな意味から、この本を執筆致す事に意を決したので有ります。平成の世に今こそ義烈の志士が現れる事を切望するものです。今や政局は混迷を極め、日本の国は大病を患つてゐる。一日も早く名医が現れる事を切に願ふもので有ります。国民全てが国を思ひ、歪《ゆが》んだ社会を立て直さねばなりませぬ！ 子供達が夢を持てる教育を目指し、努力される事を切に願ふもので有ります。

おはりに

上梓「一刀両断、平成の侍、現代教育を斬る!!」を出版するに至り、父とは何か？ 母とは何か？ 親にとつて子供とは何か？ を問ふ本である!!

親と子の絆が問はれてゐる現代、此等戦後教育が齎《もたら》した欠陥であらう。

此に替り、戦前の教育は祖父母を慈しみ、父母を尊び、人の道を説く、人格形成を重視する教育理念であつた。

おはりに

教育とは？　人間とは？　国民が今一度、真剣に考へ直す時が来たのである。

何も難しい事ではない!!

人成の教育に立ち戻ればよいのである。即ち、基本に戻れと言ふのである。

「半世紀」!!　蝕まれた教育……再び蘇ると成れば、長い歳月を要するであらう!?

然し教育改革を遣らずして、教育の未来は無いのだ!!

最早、人間の知識は必要無いと迄、言はれるに至つた!!

これからの教育は、心を学び、心の教養を高める時代だと思ふてゐる。

この度、私の教育に対する考へ方に御理解を戴いた文芸社代表取締役・瓜谷綱延氏を始め、出版企画部・重浦雅人氏、又編集担当者の山西潤氏等、編集に携はつて戴いた多くのスタッフの方々に、深く御礼申上げ、擱筆《かくひつ》する。

著者　荒牧道信

平成十三年七月二十二日

荒牧 道信（あらまき どうしん）
昭和22年　兵庫県伊丹市生まれ。
昭和48年　伊丹市役所入所。
平成13年３月　退職、現在に至る。
教育文化を考える会代表。
若者のための精神塾開く。

一刀両断、平成の侍現代教育を斬る!!

2001年11月15日　初版第１刷発行

著　者　荒牧 道信
発行者　瓜谷 綱延
発行所　株式会社 文芸社
〒112-0004　東京都文京区後楽２-23-12
電話　03-3814-1177（代表）
03-3814-2455（営業）
振替　00190-8-728265
印刷所　株式会社平河工業社

ISBN4-8355-2687-2 C0095